진리란 무엇인가?

진리란 무엇인가?

붓다와 마음, 진리의 실현

혜담 지음

민족사

• 이 책을 쓰게 된 인연 •

1980년 대 초반 선사(先師) 광덕 대선사가 서울 송파의 석촌호수 옆에 불광사(佛光寺)를 창건했습니다. 은사스님을 모시고 포교활동을 돕지 않으면 안 될 입장이 되었습니다. 걸망 하나 등에 지고 불광사에 도착하여 서울에서의 삶이 시작되었습니다.

은사스님은 불광법회를 창립하신 뒤부터 당시에는 없었던 일요일 정기법회를 하셨는데, 일요법회는 물론이고 일요일에 참석 못하는 불자들을 위해서 토요일 저녁에도 법문을 하셨습니다. 이때마다 제가 참석하여 법문도 듣고 축원도 해야 했습니다. 은사스님의 법문은 '마하반야바라밀'을 믿고 의지해야 한다는 것을 기본으로 해서 '내 생명 부처님 무량공덕생명'을 주창하는 내용이었습니다. 여기서 저는 처음부터 혼란이 왔습니다.

부처님도 아니고 관세음보살도 아닌, 마하반야바라밀을 왜 믿고 의지해야 하는지 이해가 되지 않았습니다. 강원과 대학에서 심지어 선원에서 배우고 참구한 모든 불교지식을 가지고 연구해도 알 수가 없었습니다. 당시에 출판되었던 교리 책을 다 뒤져봐도 '마하반야바라밀을 믿어라'라고 하는 의론은 보이지 않았습니다. 그래서 택한 것이 당시에 불교학이 가장 발전되어 있다는 일본 유학이었습니다. 4년 동안의 불광사 소임생활을 접고 오직 반야바라밀을 배우기 위해서 일본으로 향했습니다. 일본에 있었던 3년 동안 휴일이면 교토[京都]의 서점을 배회하며 서가의 책들을 탐닉하곤 했습니다.

어느 날 불교를 서구사회에 전한 대표적인 불교학자 스즈끼 다이세쯔(鈴木大拙; 1870~1966) 박사가 쓴 『불교의 대의(佛敎の大意)』라는 얇은 책을 발견하고 바로 구입했습니다. 비록 서툰 일본어 실력이었지만, 읽어가는 과정에서 스스로 저자에 대한 감탄이 저절로 나왔습니다.

우리들은 불교 교리라고 하면 보통 삼법인, 사성제, 십이연기 등을 연상합니다. 하지만 이 책은 그러한 교리적인 설명이 없이 선(禪)의 입장에서 불교의 대의를 완벽하게 설명하고 있었습니다.

그때까지 출가자로 살아오면서 선법문도 들어보고 관련된 책도 읽었지만, 한국에서는 한 번도 접해보지 못한 내용이었습니다. 그러나 법문의 내용 자체는 마음을 깨달아 오득(悟得)한 사람이 아니면 이해하기가 무척 어려운 부분이 많았습니다. 그래서 귀국하여 선공부를 더해서 눈이 열렸을 때 번역해야겠다고 생각하고는 접어두었습니다.

일본에서 공사상(空思想)을 연구하는 학자로서는 손에 꼽히는 가지야마(梶山雄一) 교수에게 반야바라밀을 배우는 등 과정을 마치고 귀국했습니다. 하지만 우리나라에 오자마자 맡은 불광사 전법 일도 여간 성가신 것이 아니었습니다. 그러나 틈틈이 조사어록을 보고 마하반야바라밀 염송을 하는 수행 속에서 『불교의 대의』를 우리말로 번역할 수 있겠다는 자신감이 생겼습니다. 물론 스즈끼 선생의 법문을 내 버전으로 다시 쓰기 위해서는 수 년 간의 시간이 필요했습니다. 조사스님들이 남긴 선어록의 화두를 제 나름의 눈으로 보아야 했기 때문입니다.

앞에서도 언급했습니다만, 이 책의 내용은 불교 교리를 알리기 위한 것이 아닙니다. 교리적인 해설이 없이 오직 '붓다와 마음 그리고 진리(眞理)의 실현'이라는 주제로 참된 불교의 진리를 찾아보고자 한 것입니다. 독자 가운데는 선원에서 정진하는 수좌(首座)스님들도 있을 것입니다. 혹시 공안을 보는 저의 안목에 부족함이 있다면 경책 또한 달게 받겠습니다.

사족입니다만, 제가 머물고 있는 불광사에 지난해 큰 어려운 일이 있었습니다. 그 어려운 일을 슬기롭게 해결해서 불광법회의 영광을 재현할 수 있는 기틀을 마련하기 위해 애쓴 불광의 모든 형제들에게 감사의 말씀을 드립니다.

나무 마하반야바라밀.

2019년 성도광명일 아침
석촌호 한우재(閑愚齋)에서
혜담지상 합장

• 차례 •

제2장

마음[心]이란 무엇인가

제3장
진리의 실현[大悲]

진리란 무엇인가?

제1장

부처

[불(佛) · 부처님 · 붓다(Buddha)]

진리란
무엇인가

불교라는 방편(方便)

이 세상을 살아가고 있는 모든 사람들은 무엇인가를 하고자 하고 또한 그것을 성취고자 끊임없이 노력합니다. 어떤 사람은 재물을, 또 어떤 사람은 권력을, 그리고 또 다른 어떤 사람들은 사랑이나 맛있는 음식 등을 찾아서 하루하루를 지내고 있습니다. 이러한 사실이 어쩌면 인간과 동물을 구분 짓는 중요한 잣대인지도 모릅니다. 왜냐하면 동물들은 식욕이나 종족보전의 욕망 등 몇 가지 본능을 제외하고는 인간처럼 자신의 삶에 관하여 생각을 하지 않기 때문입니다. 그런데 희유(希有)하게도 그대는 눈에 보이고 손에 잡히는 그런 무상(無常)한 물질이나 명예 같은 것이 아닌, 삶의 참된 의미를 찾아서 철학과 종교의 문턱을 넘나들면서 오늘에 이르렀습니다.

그러나 그대는 동·서양의 철학에서도 창조신(創造神)을 믿는 여타의 종교에서도 참된 진리를 발견하지 못했고, 어렵사리 불교를 만났지만 무엇이 불교의 참된 진리인가 하는 의문과 헷갈림에 직면해 있는지도 모르겠습니다. 왜냐하면 우리들이 믿고 있는 불교는 그 신앙형태나 수행방법이 너무나 다양하여 불교의 참다운 가르침이 과연 무엇인지 구분하기도 알기도 쉽지 않기 때문입니다. 이러한 상황은 그대에게만 해당되는 것이 결코 아닙니다.

그리고 세속에서 생활하는 사람들에게는 해당되고 출가한 수행자에게는 그렇지 않은 것도 아닙니다. 승속(僧俗)을 막론하고 처음에는 이 문제에 갈등을 겪게 됩니다. 때문에 참선불교를 선택하여 간화선(看話禪) 수행을 하는 스님들은 그것이 불교의 핵심이라고 말하고, 정토신앙(淨土信仰)을 주창하는 스님들은 신도들에게 나무아미타불 염불이 최고의 불교신앙이라고 말하면서 참선불교의 문제점을 지적하기도 합니다.

게다가 10여 년 전부터는 남방 상좌부(上座部)불교의 수행법이 소개되어 대승불교의 교리와 수행법은 고따마 붓다의 근본 가르침이 아니라고 주장하는 사람들까지 등장하여 기존의 한국불교 수행법을 폄하하는 일도 생기고 있습니다. 이러한 상황이기 때문에 참 불교의 진리를 안다는 것이 결코 녹록한 일이 아님을 알게

진리란 무엇인가?

됩니다.

또한 실제적인 불교신앙의 목적 쪽으로 눈길을 돌리게 되면 상황은 더욱 복잡하고 미묘해집니다. 왜냐하면 우리 한국불교는 성불(成佛)을 향한 수행을 주장하면서도 현세이익(現世利益)을 위해서 관세음보살이나 지장보살의 위신력을 구하는 기도(祈禱)를 모든 사찰에서 수행이라는 이름으로 행하고 있기 때문입니다.

그렇다고 해서 현세이익을 위한 기도수행이 잘못되었다는 말은 결코 아닙니다. 부처님께서는 여러 경전의 도처에서 분명하게 불보살의 위신력과 그 이익을 말씀하셨고, 2500여 년이 넘는 세월 동안 불자들은 불보살신앙을 통해서 많은 현세이익이 있음을 증험(證驗)했고 지금도 계속되고 있기 때문입니다. 다만 부처님의 가피로 현세이익이 초래되는 그 이유와 기도하는 사람의 마음에서 일어나는 변화의 상관관계에 대하여는 관심을 두지 않고, 무조건적으로 불보살에게 소원을 비는 것이 기도라고 생각하는 자세가 참된 불교수행은 아니라는 것입니다.

그렇다면 무엇이 참된 불교수행이고, 아울러 어떤 것이 참된 불교의 진리일까요? 무척 어려운 문제이고, 한 마디로 말할 수 있는 것이 아니라고 하면서 입을 다물고 있어야 하는 행동이 정답일 수도 있습니다. 그렇지만 '입을 다물고 그 점에 대해서는 말을 할 수 없는 것이다. 그 점에 대해서는 생각을 끊어야 될 것이다. 생각이나 말로 형용하거나 짐작하지 못하는 것이다.'라고 하면서

피하고 던져버린다고 해결되는 것은 아닐 것입니다. 결국 우리는 부처님께서 설하신 말씀을 통해서 그 말씀이 담을 수 없는 큰 뜻을 보아야 합니다. 말씀을 통해서 말 없는 도리를 알아야 합니다. 말할 수 없는 도리를 말했다고 해서 언제까지나 입을 다물 것이 아니라, 허물인 줄 알면서도 허물인 줄 아는 그대에게는 허물을 범해도 통할 것이라 생각하기에 이렇게 글로 쓰고 있는 것입니다. 다시 말해서 참 불교의 진리를 그대에게 전하기 위해서는 불가불 방편이 없을 수 없는 것입니다.

그럼 방편이란 무엇일까요? 방편(方便; upāya)이라는 말은 『반야경』을 비롯한 많은 대승경전에서 대단히 넓고도 깊은 의미를 가지고 사용되고 있기 때문에 한마디로 말하기는 어려운 단어입니다. 그러나 『반야경』에서 설하는 방편의 의미에 관해서는 옛날부터 불교의 백과사전이라고 일컬어지고 있는 『대지도론(大智度論)』「권 제27」에서 다음과 같이 정의하고 있습니다.

방편이란 반야바라밀을 구족해서 제법이 공(空)인 것을 알고 대비심(大悲心)에 연유해서 중생을 불쌍히 여기는 것이다. 이 법공(法空)과 중생애(衆生愛) 두 가지 법에 있어서 방편의 힘을 가지고 있기 때문에 염착을 내지 않는다. 모든 법이 공인 것을 안다고 해도 방편의 힘을 연유해서 중생을 버리지 않는다. 중생을 버리지 않는다 해도 또한 모든 법이 실로 공인 것을 안다.

진리란 무엇인가?

위의 『대지도론』에 의하면, 방편이란 두 가지로 요약될 수 있을 것 같습니다. 첫째는 모든 법[諸法]이 공한 것을 아는 것이고, 둘째는 대비심에 연유해서 중생을 버리지 않는 것입니다. 이것이 바로 보살이 가지고 있는 두 날개입니다. 하늘을 자유자재로 날 수 있는 비결입니다. 거기에는 어떠한 두려움도 없습니다. 그래서 『대품반야경』 「도공품 제65」에서는,

> "수보리야, 보살마하살이 두 가지 법을 성취하면 악마가 파괴할 수 없다. 무엇이 두 가지인가 하면, 일체 모든 것이 공(空)임을 관찰하는 것과 일체 중생들을 버리지 않는 것이다. 수보리야, 보살이 이 두 가지 법을 성취하면 악마가 파괴할 수가 없다."

라고 설시(說施)하고 있습니다. 보살이 일체 모든 것이 공임을 분명히 보고 일체의 중생을 버리지 않을 때, 악마는 보살의 일을 방해할 기회를 얻을 수 없다고 밝히고 있습니다. 여기서 소납(小衲: 小僧과 같은 의미로 출가 수행자가 자신을 낮춰 부르는 말)은 지금부터 『대지도론』과 『대품반야경』의 가르침에 입각하여 두 가지 방편 중 첫째의 방편을 '대지방편(大智方便)'이라 하고, 두 번째의 방편을 '대비방편(大悲方便)'이라 부르기로 하면서 이 글을 전개하고자 합니다. 그러나 대지방편과 대비방편은 엄밀한 의미에서 두 개일 수

는 없는 것입니다. 왜냐하면 중생을 버리지 않는다는 대비심은 대지(大智)에서만 나올 수 있는 것이기 때문입니다. 대지에 의해서 일체 중생이 동일생명(同一生命)임이 체득(體得)되었을 때 대비심은 자연히 일어나기 때문입니다.

불교(佛教)라는 말의 의미

먼저 대지방편의 입장에서 우리들이 믿고 있는 불교라는 말이 무슨 의미인지 살펴보겠습니다. 우리나라를 비롯한 한문 문화권에서는 고따마 붓다가 설한 가르침을 믿고 수행하는 사람들을 가리켜 '불교를 믿는다'라고 합니다만, 세계의 모든 사람들이 이렇게 말하지는 않을 것입니다. 가령 영어를 사용하는 문화권에서는 '부디즘(Buddhism)의 진리를 믿는다'라고 말하겠지만, 고대 인도의 철학서에서는 '불교의 교설'을 산스끄리뜨어 '바웃드하다르샤나(Bauddhadarśana)'라고 하며, 현대 인도에서는 불교를 의미하여 '바웃드하다르마(Bauddhadharma)'라고 합니다. 여기서 '바웃드하'는 '부처님의 가르침을 신봉하는 사람'을 뜻하지만, 현재 스리랑카에서는 불교를 '붓다담마(Buddhadhamma)' 또는 '붓다사사나(Buddhasāsana)'라고 부르고 있습니다.

인도에서 고따마 붓다가 깨달음을 얻어서 시작된 불교가 중국에 전래되어 그 가르침을 한문으로 번역한 초기에는 산스끄리뜨어 붓다사사나(Buddhaśāsana)를 불교라고 번역하기보다는 일반적으로 '불법(佛法)' 혹은 '불도(佛道)'라고 다른 말로 의역(意譯)하였습니다. 그러다가 서구에서 종교(宗教)의 개념이 들어오면서 '불교(佛教)'라는 말로 정착되었는데, 주지하시는 바와 같이 표음문자(表音文字)인 산스끄리뜨어와 달리 표의문자(表意文字)인 불교(佛教)라는 말에는 산스끄리뜨어가 나타내지 못하는 다양한 의미가 담겨져 있습니다. 그래서 지금부터 불교라는 명사(名詞)가 지니고 있는 뜻을 가지고 '불교란 무엇인가?'라는 가장 기본적인 문제에 대하여 고찰해 보겠습니다.

불(佛)이란 산스끄리뜨어 붓다(Buddha)를 줄여서 한자로 음역(音譯)한 말입니다. 현재의 순수한 우리말로는 '부처' 혹은 '부처님'이라고 칭하고 있습니다. 그렇다면 산스끄리뜨어 Buddha를 순수한 우리말로 뜻으로 번역하면, 즉 의역(意譯)하면 무엇이 될까요? 불교 전래 초기부터 중국의 역경사들은 Buddha라는 단어를 깨달음[覺] 또는 깨닫는 것, 깨달은 사람[覺者]이라는 세 가지의 의미로 번역하였는데, 이 번역은 초기불교의 연구가 전성기를 구가하고 있는 오늘날까지 적합한 번역어로 평가받고 있습니다. 다시 말하면 Buddha라는 말에는 깨달음·깨닫는 것·깨달은 사람이라는 세 가지 뜻이 있다는 것입니다.

이 고증(考證)된 붓다의 의미를 근거로 해서 종합적으로 생각해

보면 불교(佛教)란,

첫째로 붓다[佛]의 가르침[教]이라는 뜻이 되고, 이 경우 붓다는 깨달음 그 자체를 의미하게 됩니다. 이 말을 더 확대하면 불교란 과거·현재·미래의 모든 붓다들의 깨달음과 그 내용을 밝힌 가르침이라는 의미가 될 것입니다.

왜냐하면 불교에서 말하는 인격적인 붓다는 고따마 붓다에 한하지 않기 때문입니다. 그래서 이 땅에 석가모니 부처님이 오시기 전에도 가섭 부처님을 비롯한 수많은 붓다가 계셨고, 지금도 극락세계에 계신다는 아미타 부처님 등 공간을 달리하여 존재하시는 수많은 붓다가 계시며, 미래에도 미륵 부처님을 비롯한 한량없이 많은 부처님이 출현하실 것입니다. 뿐만 아니라 지금도 우리 주변에는 수많은 붓다가 우리와 호흡을 같이하면서 살아가고 있습니다. 단지 우리들이 그러한 사실을 모르고 있을 뿐입니다.

둘째로 붓다[佛]에 의(依)한 가르침이라는 뜻이 되고, 이 경우 붓다는 깨달은 사람인 고따마 붓다가 되어서 고따마 붓다에 의해서 베풀어진 가르침이라는 뜻이 됩니다. 이 말을 더 확대하면 불교란 교조(教祖)이신 고따마 붓다, 즉 석가모니 부처님의 설법에 의해서 가르쳐진 가르침이라는 의미가 될 것입니다. 다시 말하면 고따마 붓다 이전에도 많은 붓다들이 계셨고 같은 시대에도 다른 많은 붓다들이 계셨을 것입니다. 그러나 그러한 붓다들은 불법을 설하지 않았습니다. 따라서 중생의 입장에서는 부처님의 가르침

진리란 무엇인가?

을 접할 기회가 없었습니다. 그런데 고따마 붓다는 인류 역사상 처음으로 붓다가 되어 중생들에게 가르침을 설하여 불교 교단이 만들어지기 시작한 것입니다. 즉 고따마 붓다가 불교를 만든 것이 아니라, 세상에 이미 존재했지만, 사람들이 모르고 있던 불교라는 진리를 발견하여 중생들에게 눈앞에서 보여준 것입니다. 그래서 고따마 붓다를 불교의 교조 혹은 교주(教主)라고 부릅니다.

셋째로 붓다[佛]가 되는[成] 가르침[教]이라는 뜻이 되고, 이 경우 붓다는 깨달음을 성취하는 것[成佛]이 됩니다. 바꾸어 말씀드리면 이때의 붓다는 고따마 싯다르타라는 자연인이 고따마 붓다로 다시 태어났고, 따라서 붓다는 모든 사람이 고따마 붓다의 가르침에 의지한 수행으로 자신이 스스로 붓다가 되는 것을 의미하고 있습니다. 즉 모든 사람이 자신의 노력으로 부처가 될 수 있기 때문에, 사람이 부처가 되는 것을 목적으로 수행하는 가르침이라고 말할 수 있을 것입니다.

지금까지 불교라는 어휘를 가지고 불교가 담고 있는 종교에 관하여 살펴보았습니다만, 소납은 위의 세 가지 의미 가운데 가장 중요한 것은 세 번째인 '붓다가 되는 가르침이라는 뜻'이라고 생각합니다. 왜냐하면 이 지구상에 인간이 역사를 만든 이후 수억 년이 흘렀고 그 사이에 수많은 종교가 출몰했지만, 그 종교의 교리가 불교처럼 교조(教祖)와 같은 존재가 되는 것을 목적으로 신봉하는 종교는 없었기 때문입니다. 물론 승속(僧俗)을 막론하고 불자(佛子)들 모두가 성불을 목적으로 수행한다고 말할 수는 없을 것입니다. 그 가운데는 학문적으로, 호기심에서, 현세이익을 위해서 불교를 신행하는 사람들도 있을 겁니다. 그러나 그러한 부류에 속하는 사람이라고 하더라도 결국에는 '불교는 성불의 종교이다'라는 말을 듣고 성불의 원을 세우는 데까지 와야 비로소 불자라고 부를 수 있는 것입니다.

위에서 살펴본 내용을 가지고 불교의 어의(語義)에 대하여 다시 한 번 부언(附言)하자면, 불교란 석가모니 부처님이 깨달음을 얻음에 의해서 거기에 기초한 교설이 설해진 것이고, 이 교설에 인도된 사람들이 부처가 되는 것을 목적으로 수행하는 종교라고 정의를 내릴 수 있을 것 같습니다. 불교는 인류가 창안한 고등종교 가운데 가장 긴 역사를 통해서 널리 세계의 각지에서 여러 가지의 형태나 모습, 그리고 특징을 가지고 전개되었다고 해도 그 근본은 고따마 붓다가 깨달은 내용을 버리고 달리 구할 수는 없는 것입니다.

불교는 다른 종교(宗敎)와 비교하여 다른 점이 많습니다만, 가장 큰 차이점은 신앙의 대상으로 유일신(唯一神) 혹은 창조신(創造神)을 설정하고 있지 않다는 것일 겁니다. 그리고 이 점은 종교일반에 있어서 매우 중요한 문제입니다. 왜냐하면 일반적으로 종교를 논할 때, 가장 먼저 전제(前提)되고 중요하게 언급하는 것이 신(神)이나 교주에 대한 설정과 믿음 즉 신앙심의 덕목이기 때문입니다. 불교는 종교에 포함되어 있습니다. 때문에 불교 역시 신앙의 덕목으로 교조인 석가모니 부처님과 부처님에 대한 믿음을 첫 번째로 열거합니다.

그러나 다른 종교들과는 다르게 불교는 믿음 못지않게 중요하게 여기는 덕목으로 부처가 되기 위한 실천, 즉 수행을 우선시합니다. 그래서 불교 신행에는 믿음[信]·믿음의 이유에 관한 앎[解]·깨달음을 위한 실천[行]·깨달음의 증득[證]이라는 네 단계의 과정을 설정하여 신행생활(信行生活)의 기본으로 삼고 있습니다. 때문에 불교의 신행생활은 유일신을 믿는 여타종교의 신앙생활과는 확연히 다른 차원을 가지고 있습니다. 그럼 이렇게 신앙의 대상이 되는 신을 부정하여 믿지 않는다면 불교에서는 종교적으로 무엇을 믿는 것일까요?

종교라는 말의 의미

여기에서 우리들은 '종교란 무엇인가?'라는 학문적으로 정의하기 매우 어려운 문제와 직면하게 됩니다. 왜냐하면 현재 한국에서 대다수 국민들이 이해하고 있고, 따라서 언어학 사전과 백과사전 등에서 설명하고 있는 종교라는 단어와 그에 따른 인식이 이 말의 의미를 왜곡하여 설명하고 있기 때문입니다. 다시 말하면 우리들이 현재 '종교라고 쓰고 있는 언어'는 서구문명(西歐文明)이 동양사회로 수입되기 전에는 우리나라를 비롯하여 동양사회에서는 없었던 말입니다. 그럼 이렇게 우리들에게는 개념조차 없었던 종교라는 말이 왜 생겨났을까요?

우리들이 보통명사로 사용하고 있는 종교라는 어휘는 영어 릴리전(religion)을 한문으로 번역한 단어입니다. 그런데 종교학자들의 연구에 의하면 religion을 종교(宗教)라고 한문으로 번역한 것은 오역(誤譯)이라는 것입니다. 즉 당시는 말할 것도 없고 지금까지도 서구사회에서 보편적으로 사용하던 릴리전이라는 언어를 한문으로 번역하는 과정에서 잘못 번역하여 오늘에 이르고 있다는 겁니다. 다시 말하면 종교라고 번역한 영어 religion의 개념은 중국과 인도를 포함한 모든 동양의 문화권에서는 원래부터 없었던 사상(思想)인데도 불구하고 억지로 종교라고 말을 만들어서 사용하다 보니 일상적인 언어가 되어버린 것입니다. 물론 religion을 종교라고 오역하게 된 원인은 있을 것이기 때문에 이렇게 된 까닭에 관해서 간략하게 살펴보겠습니다.

인도에서 발생한 불교가 중국에 전래되어 불교의 경전(經典)을 한문으로 번역할 때, 산스끄리뜨어 싯다아안타(siddhānta)를 종(宗)으로 의역(意譯)하였습니다. 여기서 한자인 宗과 산스끄리뜨어 siddhānta가 본래 가지고 있는 뜻을 살펴볼 필요가 있습니다. 宗의 의미는 밑둥·높음·종묘·교파·우러러 받듦 등이고,

siddhānta라는 말의 의미는 핵심이 되고 주(主)가 되는 것을 높여서 일컫는 말 혹은 경(經)·론(論) 등의 교설 가운데 중요한 요소가 되는 교의(敎義)나 존중하는 교의를 함께하는 일단의 교단을 가리키는 뜻이라는 것이 사전적 해석입니다. 즉 원어(原語)인 siddhānta나 번역어인 宗이 담고 있는 핵심은 '진리의 궁극적인 경지란 무엇인가?'라는 것을 밝힌 말을 의미하고 있는 것입니다.

이와 같이 고찰해 보면 한문인 宗敎라는 말은 '종(宗)' 즉 산스끄리뜨어 'siddhānta'에 이르도록 하는 가르침[敎]에 해당한다고 하겠습니다. 그리고 이러한 연유에서 종(宗) 혹은 교(敎)라는 한자는 중국의 남북조 시대 말기부터 수·당 대에 걸쳐서 스님들이 새롭게 접한 불교경전의 내용을 설명하는 방법의 하나로 택한 말이었습니다. 이런 방법으로 경전을 설명한 가장 대표적인 경우가 천태지의(天台智顗; 538~597) 스님이 저술한 『법화현의(法華玄義)』입니다.

지의 스님의 『법화현의』는 『묘법연화경(妙法蓮華經)』의 지극히 깊은 뜻[玄義]을 풀이하는 방법으로 명·체·종·용·교(名·體·宗·用·敎)라는 다섯 글자를 가지고 설명하고 있습니다.

"첫째인 명(名)이란 경의 이름을 설명하는 말로 방편[權]과 진실[實]이 둘이 아닌 제법실상(諸法實相)의 묘법으로서 꽃과 열매가 동시에 있는 연꽃[蓮華]으로 비유하여 『묘법연화경』이라고 한다. 둘째인 체(體)란 경전이 설하고 있는 이치의 본체를 설명하는 말로 일체 현상은 모두 하나의 진실이 현현(顯現)한 것이라고 한다. 셋째인 종(宗)이란 경전이 설하고 있는 근본적인 이치를 설명하는 말로 일체 모든 현상의 참된 모습의 원인을 알고 닦아서 현상의 참된 모습의 결과를 증득(證得)함은 일승(一乘)의 인과에 있다고 밝힌다. 넷째인 용(用)이란 경전이 설하고 있는 현상세계의 작용을 설명하는 것으로 경전 전체에서 설하고 있는 방편의 의심을 제거하여 진실의 믿음을 얻는 것이라 한다. 마지막으로 교(敎)란 『묘법연화경』이 가리키는 가르침을 통틀어 지칭하는 말로 이것은 무엇과도 비교할 수 없는 최고·최상의 가르침이라고 설명한다."

지금까지 살펴본 지의 스님의 『법화현의』를 통해서 알 수 있는 사실은 우리들이 현재 보통명사로 사용하고 있는 종교라는 단어는 종(宗)과 교(敎)의 합성어이고, 종교라는 말의 본래의 의미는 불교경전인 『묘법연화경』의 핵심을 밝히기 위한 설명에서 나온 말이라는 것입니다. 다시 말하면 지의 스님은 『묘법연화경』이야말로 가장 훌륭한 부처님의 으뜸가는 말씀이라고 결론을 내리면서 『묘법연화경』을 종교라고 밝혔습니다. 그렇다면 우리들은 지금 무슨 이유에서 영어 religion의 번역어로 종교라는 말을 사용하고 있으며, 또한 아무런 문제가 없는 것일까요?

영어 religion을 한자문화권에서 종교(宗敎)라고 잘못 번역하여

진리란 무엇인가?

사용하게 된 연유에 대하여는 지금까지 여러 학설이 있었기 때문에 특정한 한 설을 단정하여 말할 수는 없는 것이 사실입니다. 그러나 religion이라는 말의 의미를 살펴봄으로써 어느 정도의 가닥은 잡을 수 있을 것이라는 것이 소납의 생각이기 때문에 우선 religion에 관해서 살펴보겠습니다.

영어 'religion'의 어원은 라틴어 'religio'입니다. 여기서 re는 '다시'라는 뜻이고, ligion[ligio]은 '주워 올린다(take up), 연결한다'라는 의미입니다. 그래서 두 말을 합쳐 보면 'religion'이라는 말은 '초자연적인 존재에 대한 외경의 감정과 그것을 표현하는 의례 등의 행위를 의미하는 것'이라고 할 수 있습니다. 그리고 이 라틴어가 기독교 철학과 결합하면서 '이전에 알았던 신을 다시 인식한다'는 뜻으로 변모한 뒤에, 신학(神學)에서는 기독교적 유일신적인 사고에 그 초점을 두고 '이전에 신과 인간이 하나로 결속되었던 것이 중도에 어떤 잘못으로 이간(離間)되었다가 다시 신과의 결속을 꾀하는' 즉 '신을 소유했던 인간이 죄악으로 인해서 잃어버렸던 신을 다시 찾는 것'을 'religion'이라고 정의한 것입니다.

그런데 문제는 기독교 신학에서 정의하고 있는 religion이라는 종교철학적 개념이 동양적(東洋的) 종교철학에서는 지금까지 없었던 사상이라는 점입니다. 물론 인도에서는 우빠니샤드나 힌두교 교리에서 이 사상과 비슷한 점은 발견할 수 있지만 온전히 부합하지는 않았고, 불교나 노장사상(老莊思想) 혹은 유교와는 완전히 이질적인 사상입니다.

그런데도 불구하고 서양의 문물이 동양으로 전래되는 과정에서 religion이라는 서양종교의 개념이 19세기 말 일본 메이지 시대[明治時代]에 일본을 통해서 동양사회에 들어오게 됩니다. 즉 일본이 메이지 2년[明治 二年; 1869년] 독일의 북부 연방과 수호통상조약을 체결하고 서구 문물을 받아들이게 되는데, 이때 religion이라는 말의 번역어가 필요하게 됩니다. 그때 일본인 학자들이 채택한 말이 종교(宗敎)라는 단어입니다. 아마도 불교국가라고 말해도 과언이 아닐 정도로 불교학자들이 많은 일본에서 치열한 논쟁이 있었을 것입니다. 그런데도 그들이 선택한 어휘는 지의 스님이 저술한 『법화현의』의 다섯 글자 명·체·종·용·교(名·體·宗·用·敎) 가운데 종과 교를 합하여 만들어 진 종교라는 말이었고, 이 말을 지금은 모든 한자 문화권에서는 religion의 번역어로 사용하고 있습니다.

그러나 앞에서 지적한 것처럼, religion이라는 영어와 宗敎라는 한문이 갖고 있는 개념은 다릅니다. 宗敎라는 말의 의미는 『법화경』의 가르침이 근본진리라는 것이고, religion이라는 말은 유일무이(唯一無二)한 창조신이 전제되어야만 성립할 수 있는 사상이기 때문입니다. 여기에서 다시 우리들은 "그렇다면 종교란 무엇인가?"라는 근본적인 문제와 만나게 됩니다만, 21세기에 들어선 지금까지도 인류는 이에 대한 분명한 대답을 도출하지 못하고 있습니다.

왜냐하면 창조주라고 생각하는 신(神)을 믿는 측에서는 신과 인간의 관계가 종교라고 보기 때문에 창조신을 부정하는 종교는 종교가 아니라고 항변하고, 불교를 비롯한 무신론(無神論)을 주장하는 측에서는 깨달음을 이룬 훌륭한 성인들이 교시한 가르침이 곧 종교이기 때문에 특정한 신(神)의 절대의 기준이 필요치 않으며, 깨달은 사람[覺者]이 제시한 가르침의 믿음을 통하여 인간 생활의 고뇌를 해결하고 삶의 궁극적인 의미를 추구하는 것이 바로 종교라고 주장하고 있기 때문입니다.

붓다(Buddha)가
계시는 곳

불전(佛典)에 나타나 있는 고따마 붓다

불교라는 어휘에는 부처님과 부처님께서 설한 교설과 그에 따른 깨달음이라는 세 가지 명제(命題)가 함축되어 있습니다. 이 셋 가운데 어느 것이 핵심 포인트라고 말할 수는 없지만, 불교가 부처님이라는 명칭에서부터 시작되었기 때문에 '부처님이 어떤 분인가?' 하는 것에서부터 '참 불교의 진리'를 찾아가는 일이 순서일 것 같아서 그렇게 하도록 하겠습니다. 다시 말하면 우리들이 신앙적으로 '부처님'이라 하든 학문적으로 '부처'라고 칭하든 그것은 논외로 하고, 우선 원어(原語)인 산스끄리뜨어는 '붓다(Buddha)'이기 때문에 붓다라는 말의 의미부터 살펴보겠다는 말입니다.

진리란 무엇인가?

우리 모두가 알고 있는 것처럼, 붓다라는 말은 보통명사입니다. 그러나 불교의 교조(敎祖)인 고따마 붓다(Gautama Buddha)는 고유명사입니다. 위에서 이미 살펴본 것처럼, 수많은 붓다가 계시지만 지금 우리들이 믿고 있는 불교의 교조는 고따마 붓다 한 분뿐입니다. 과거의 붓다였던 아촉불(阿閦佛)이나 현재 극락세계에 계신다는 아미타불(阿彌陀佛)이나 미래에 오신다는 미륵불(彌勒佛)에 관한 교설 등도 전부가 고따마 붓다의 말씀에 의한 것일 따름입니다. 따라서 우리들이 붓다에 관해 말할 경우에는 반드시 붓다와 고따마 붓다는 구분해서 그 의미를 고찰해야 합니다.

다시 말하면 인간의 몸으로 태어나서 고따마 싯다르타 (Gautama Śiddhārtha)라는 이름으로 29년을 세속(世俗)에서 태자로 살다가 출가하여 6년이라는 긴 시간에 걸쳐서 인간으로서는 감내(堪耐)하기 어려운 고행의 수행을 완성해서 붓다가 된 성인이 고따마 붓다이기 때문에, 그러한 고따마 붓다의 교설로 비로소 드러난 진리 그 자체인 붓다와는 구분하여 살펴봐야 하는 것입니다. 이와 같은 이유에서 먼저 고따마 붓다에 관하여 살펴보겠습니다.

고따마 붓다는 보통사람처럼 출생과 입멸(入滅)이 있고, 출가수행과 깨달음의 증득에 따른 부처됨[成佛]의 과정을 전부 겪은 붓다입니다. 이 고따마 붓다의 생애에 관해서 기록한 책을 보통 「불전(佛典)」이라고 부릅니다만, 「불전」에는 수많은 종류가 있어서 고따마 붓다의 출생과 출가수행과 성불(成佛)과 초전법륜(初轉法輪)과 입멸(入滅) 등을 자세히 전하고 있습니다. 때문에 불자가 아니라고 해도 불교에 관심이 있는 사람이라면 궁금할 법한 내용 가운데, 특히 수행의 방법과 깨달음을 이루는 과정을 중심으로 개괄적으로 간략하게 정리하여 고따마 붓다에 대하여 알아보겠습니다.

고따마 붓다께서 성불하신 과정을 보면 출가 전에 세간살이 그대로 머물러 있으면서 세간의 모두를 다 경험하셨습니다. 마침내 죽음을 향해서 달음질치는 그 삶을 아시고, 그 문제를 해결한 죽음이 없는 저 언덕을 모두에게 보이시고자 과감히 왕궁을 뛰쳐나오십니다.

이렇게 출가를 단행하고 먼저 아라다 깔라마(Ārāḍa-Kālāma)라든가 우드라까 라마뿌뜨라(Udraka-Rāmaputra) 등의 위대한 사상가라고 천하가 떠받드는 당시 최고의 성자들을 많이 찾아가서 그분들에게 배우고 문답하고 그들이 도달한 세계를 밟아서 끝까지 마치십니다. 아라다 깔라마는 무소유처정(無所有處定: 물질의 장애를 벗어나 '있는 바 없는 선정')에 드는 것을 가르치며 수행하는 사람입니다. 고따마 붓다는 그의 지시대로 수행하여 그것을 얻었지만, 거기에 만족하지 못하고 그의 곁을 떠나십니다.

다음에 우드라까 라마뿌뜨라를 방문하여 그에게 가르침을 청합니다. 이 사람의 학설도 자세히 전해지는 것은 없지만, 마찬가

　　　　　　　　　　　　　　　진리란 무엇인가?

지로 선정에 의해서 비상비비상처정(非想非非想處定: '생각 있음도 아니고 생각 없음도 아닌 곳인 선정')에 드는 것을 최상으로 여기며 신비 선정을 익히는 사람입니다. 고따마 붓다는 그 사람 밑에서도 지시대로 수행하여 그가 말하는 구경(究竟)에 도달함을 얻었지만, 역시 거기에 만족하지 못하고 그의 곁을 떠나십니다.

고따마 붓다로서는 두 스승의 수행법을 다 닦아 그들이 도달하고 있는 경지에 도달해 보고 '이것이 완전한 것이냐?' 이렇게 스스로 물어보시고, '완전한 것이 아니다. 생사가 없는 완전무결한, 일체 중생을 제도할 수 있는 대법이 아니다.'라는 결론을 내리신 것입니다. 그리고 그들에게 "당신이 닦으시는 도법은 무색계(無色界) 천상(天上)에는 날 수 있다. 그렇지만 생사를 끊을 수 있는 대열반은 이룰 수 없고, 마침내 생사에 되돌아오게 되고 윤회를 받게 될 수밖에 없다." 이렇게 총괄적인 평가를 하고 그들과 하직한 것입니다.

고따마 붓다는 마지막으로 고행(苦行)하는 사람들을 찾아가서 고행을 시작합니다. 고따마는 언젠가 남들이 하는 고행을 보고 비웃었던 생각이 났습니다. 그러나 지금 자기가 닦고 있는 고행은 죽은 후에 하늘에 태어나기 위해서가 아니었습니다. 오로지 육신의 번뇌와 망상과 욕망을 없애버림으로써 영원한 평화의 경지인 열반을 얻고자 함이었습니다. 때문에 깨닫지 못할 바에야 차라리 죽는 편이 낫다고 거듭 결심을 다졌습니다.

고행을 시작한 지도 다섯 해가 지나갔습니다. 아무도 감히 흉내 낼 수 없는 지독한 고행을 계속해 보았지만, 자신이 바라던 최고의 경지에는 이르지 못했습니다. 어느 날 고따마는 그가 지금까지 해 온 고행에 대해 문득 회의가 생겼습니다. 육체를 괴롭히는 일은 오히려 육체에 집착하고 있는 것이라는 생각과 함께 육체를 괴롭히기보다는 차라리 그것을 맑게 가짐으로써 열반의 경지를 얻을 수 있지 않을까 하는 것이었습니다.

마침내 고따마는 선정 수행과 고행 수행이 둘 다 참다운 수행이 되지 못하고, 생사 해탈의 진리가 되지 못하며, 결국 일체 중생을 구원하는 도리가 되지 못한다는 사실을 아시고 그 모두를 떠나십니다. 이렇게 고행과 기왕의 수행과 결별하고 수자타라는 소녀가 준 우유로 기력을 회복한 후, 붓다가야의 보리수(菩提樹) 아래에 가부좌를 하고 앉아서 '이 자리에서 육신이 다 죽어 없어져도 좋다. 우주와 생명의 실상(實相)을 깨닫기 전에는 이 자리를 떠나지 않으리라.'라고 맹세하면서 독자적인 새로운 수행을 시작합니다.

그 자리에 앉으셔서 성도(成道)에 장애가 되는 온갖 요인들을 하나하나 분석하여 그 모두를 극복합니다. 마군을 항복받은 것입니다. 그리고 마침내 선정(禪定)의 제1단계, 제2단계, 제3단계, 제4단계에 이르러 머무르셨고, 섣달 초여드렛날에 동쪽에 샛별이 빛나는 순간 성도를 하셨습니다. 29세에 출가하여 선정과 고행

수행을 한 지 6년이 되는 나이 서른다섯 살 때의 일입니다.

고따마 붓다의 성불(成佛)

소납은 위 1)에서 일별(一瞥)한 내용과 비슷한 「불전」들을 여러 차례 읽은 기억이 있습니다. 그럴 때마다 항상 의문으로 남는 문제 하나가 생각 속에 자리 잡았습니다. 고따마 붓다가 아라다 깔라마(Ārāḍa Kālāma)와 우드라까 라마뿌뜨라(Udraka Rāmaputra)라는 두 스승 밑에서 닦은 선정수행과 두 스승에게 실망한 후, 붓다가야의 보리수 아래에 결가부좌로 앉아서 행한 독자적인 새로운 수행과는 '무슨 차이가 있는가?' 하는 문제였습니다. 즉 고따마 붓다가 스승들의 가르침에 의지함이 없이 독자적으로 개발한 새로운 수행 방법은 무엇일까 하는 의심이었습니다.

그런데 고맙게도 이 문제에 해답을 주는 『수행본기경(修行本起經)』이라는 경전을 이미 제가 갖고 있음을 여러 해 뒤에 알게 되었습니다. 『수행본기경』 「출가품(出家品)」에 고따마 붓다께서 새롭게 독자적으로 개발한 선정의 방법이 어떤 것인지를 분명하게 설시(說示)하고 있었습니다. 귀한 보배를 얻은 기분이었습니다. 그럼 아래에서 그대와 함께 『수행본기경』 「출가품」에서 설시하고 있는 고따마 붓다의 독자적인 선정 수행에 관하여 살펴보겠습니다.

[고따마 보살이 고행 수행을 하실 때] 여섯 해를 이렇게 앉았으니 몸은 마르고 살갗과 뼈는 서로 맞붙었다. 그러나 마음을 고요히 하여 안으로 '들고 나는 숨[出入息, ānāpāna]'을 생각하였으니, 곧 첫째는 [들숨날숨을] 헤아리고[數], 둘째는 [마음이 안정되도록] 숨을 따르며[隨], 셋째는 [산란한 생각을] 멈추고[止], 넷째는 [마음의 근본을] 관찰하며[觀], 다섯째는 고요함에 돌아오고[還], 여섯째는 [있는 바가 없는] 깨끗하게 됨[淨]이다.

뜻을 네 가지 마음의 멈춤[四意止]과 네 가지 올바른 끊음[四意斷]과 네 가지 신통[四神足]의 세 가지 법에 노닐면서, 열두 가지 문[十二門]을 뛰어나 마음이 나뉘어 흐트러지지 않게 하였다. 그러므로 신통이 미묘하게 통달하고 욕심과 악한 법을 버리며, 다시는 다섯 가지 덮음[五蓋]이 없어지고 다섯 가지 욕심[五欲]을 받지 아니하며, 여러 가지 나쁜 행이 사라졌다.

그리하여 생각과 헤아림이 분명해지며, 생각과 봄에 함이 없어서[無爲] 마치 건장한 사람이 원수를 이기게 된 것과 같아지고, 마음이 깨끗해짐으로써 세 번째 선정[三禪行]을 이루게 되었다. 그러나 고따마는 선정과 고행을 통한 세 번째 선정으로도 완전한 깨달음을 얻을 수 없다는 것을 생각하게 되었다.

먼저 나이란자나(Nairanjana, 尼連禪河)강을 건너가서 수자타라는 소녀가 준 우유로 기력을 회복하신 후, 붓다가야의 보리수(菩提樹) 아래에 길상초(吉祥草)를 깔고 가부좌를 하고 편안히

진리란 무엇인가?

앉아 선정에 들어 괴로움과 즐거움의 뜻을 버리고 기쁨과 근심의 생각이 없으며, 마음에 착함을 의지하지 않고 또한 나쁨을 붙잡지도 않으며, 바로 중간에 있는 것이 헐떡거림이 저절로 없어지고, 고요하여 변함이 없으면서 네 번째 선정[四禪行]을 이루었다.

이에 고따마는 마음으로 생각하기를 '이제 악마와 그 권속들을 항복받아야겠다.'라고 하여, 백호상(白毫相)으로 광명을 놓아 악마를 항복받고 샛별이 동쪽에서 빛나는 순간 성불하셨다.

　이 『수행본기경』이 설하고 있는 내용의 일단을 통하여 우리들은 고따마 붓다가 깨달음을 증득하기 위해서 어떤 수행법을 어떻게 했는가에 관한 중요한 몇 가지 사실들을 알 수가 있습니다. 첫째는 고행(苦行)이라는 말로 일컬어지고 있는 6년간의 수행법으로 들고 나는 숨[出入息, ānāpāna]을 헤아리는 수식관(數息觀)과 지관(止觀)이 있다는 것입니다. 지관이란 어지럽고 산란한 마음을 가라앉히고 멈추게 한다는 의미의 지[止, 사마타(śamatha)] 수행과 자신의 본래 청정한 본성을 끊임없이 지켜본다는 의미의 관[觀, 위빠사나(vipaśynā)] 수행을 말합니다.

　둘째는 고따마는 열반(涅槃)을 증득하기 위하여 반드시 거쳐야 하는 것인 네 가지 선정들[四禪定] 가운데, 세 번째 선정[三禪行]까지를 6년 고행 시절에 이루었다는 것입니다. 그러나 고따마는 선정과 고행을 통한 세 번째 선정으로도 완전한 깨달음을 얻을 수 없다는 것을 깨닫고 붓다가야의 보리수 아래로 가서 그때까지 없었던 독자적인 수행을 합니다.

셋째는 고따마는 가부좌를 하고 편안히 앉아 선정에 들어 네 번째 선정[四禪行]을 이루고 성불했다는 것입니다. 여기서 다시 또 다른 의문이 생기게 됩니다. 즉 고따마 붓다가 보리수 아래서 선정에 들어 네 번째 선정을 이루기까지의 길지 않은 시간 동안에 행한 수행은 무엇인가? 하는 문제입니다. 소납은 아래와 같은 『잡아함경』 「제12권」의 부처님 말씀에서 그 해답을 찾을 수 있다고 생각합니다.

부처님이 기원정사에 계시면서 비구들에게 말씀하셨다.
"내가 아직 깨달음을 이루지 못했을 때, 혼자 고요한 곳에 앉아 선정을 닦다가 이렇게 생각했다. '세상에는 들어가기 어렵다. 태어남·늙음·병·죽음이 있기 때문이다. 그런데도 중생들은 태어남·늙음·병·죽음과 그것이 의지하는 바를 알지 못하고 있다.'
나는 또 이렇게 생각했다. '무엇이 있어 태어남이 있고 무엇을 인연하여 태어남이 있는가? 그러다가 마침내 참다운 지혜로써 알게 되었다. 즉, 존재[有]가 있기 때문에 태어남이 있고, 존재를 인연하여 태어남이 있다. 그러면 무엇이 있어 존재가 있

진리란 무엇인가?

고, 무엇을 인연하여 존재가 있는가? 그렇다, 취착[取]이 있기 때문에 존재가 있으며, 취착을 인연하여 존재가 있다. 취착은 사물에 맛들이고 집착하여 돌아보고 생각하여 마음이 거기 묶이면, 애욕(愛欲)이 더하고 자라나게 된다.' — 운운(云云)."

제가 고따마 붓다께서 네 번째 선정을 이루고 성불하는 결정적 수행법과 관련하여 위의 『잡아함경』의 내용에 주목한 이유는 경문(經文)의 첫 구절에 있는 '내가 아직 깨달음을 이루지 못했을 때, 혼자 고요한 곳에 앉아 선정을 닦다가 이렇게 생각했었다.'라는 내용 때문입니다. 왜냐하면 경문에서 이어지는 내용이 부처님께서 깨달으신 연기법(緣起法)에 대한 것이기 때문입니다. 다시 말하면 고따마 붓다는 깨달음을 성취하기 바로 전에 이 연기법의 이치를 사유하고 있었다는 것을 『잡아함경』 「제12권」의 내용이 말해 주고 있습니다.

고따마 붓다의 관조(觀照) 수행[觀修行, vipaśynā]

『수행본기경』 「출가품」에는 고따마 붓다의 독자적인 선정 수행의 종류에 관하여 "셋째는 [산란한 생각을] 멈추고[止], 넷째는 [마음의 근본을] 관찰하며[觀]"라고 설하고 있습니다. 여기서 말하고 있는 '멈추고'와 '관찰하며'는 각각 빨리어 사마타와 위빠사나 (vipaśynā)의 한역(漢譯)으로서 불교수행을 대표하는 핵심술어입니다. 그리고 이 두 술어는 일찍이 중국에서 지금의 경우처럼 각각 지와 관으로 정착되었고, 지와 관을 고르게 닦을 것을 강조하여 지관겸수(止觀兼修)라는 말까지 등장했으며, 이것은 다시 선종(禪宗)에서 정혜쌍수(定慧雙修)라는 술어로 계승된 매우 중요한 말입니다.

그런데도 불구하고 우리 한국불교, 특히 선종임을 자임(自任)하고 있는 조계종(曹溪宗)까지도 참선이라 하면 사마타의 음역(音譯)인 삼매(三昧)에 드는 것을 위주로 수행을 하고 있습니다. 즉 한국불교의 선수행(禪修行)은 지관겸수나 정혜쌍수의 관과 혜를 도외시하고 지(止)와 정(定)을 닦는 수행 일변도로 흐르는 경향이 많았습니다. 지금부터라도 시정되지 않으면 안 될 중요한 문제입니다. 여하튼 고따마 붓다는 선정과 고행을 통한 세 번째 선정으로도 완전한 깨달음을 얻을 수 없다는 것을 깨닫고는 독자적인 수행법으로 관조 수행(觀修行, vipaśynā)을 시작했고, 이 관조 수행으로 네 번째 선정을 완성하여 성불의 계기를 마련한 것입니다.

이렇게 관조 수행이 중요하기 때문에 초기불전에서도 자주 언급하고 있습니다. 가령 『앙굿따라 니까야』「영지(靈知)」의 일부 경」에서는 "사마타를 마음[citta]과 마음의 해탈[心解脫] 즉 삼매[定, samādhi]와 연결 짓고, 위빠사나를 통찰지[paññā]와 통찰지를

진리란 무엇인가?

통한 해탈[慧解脫] 즉 통찰지[慧, paññā]와 연결"하고 있습니다. 그리고 "삼매는 욕망을 극복하는 수행이고, 통찰지(通察智)는 무명을 극복하는 수행"이라고 밝히고 있습니다. 즉 사마타는 마음의 개발을 뜻하는 삼매와 동의어이고, 위빠사나는 대승불교에서 반야(般若)라고 번역하고 있는 통찰지와 동의어입니다. 다시 말하면 반야바라밀을 증득하기 위해서는 반드시 관조 수행을 해야 한다는 것입니다.

그렇다면 관조 수행의 방법은 무엇일까요? 『수행본기경』의 설명으로는 고따마는 스스로를 향해서 '무엇이 있어 태어남이 있고 무엇을 인연하여 태어남이 있는가?'라고 끊임없이 물어보면서 자신의 마음을 비추어 보았다[觀照]는 것입니다. 그리고 이러한 관조의 결과로 마침내 참다운 지혜로써 '존재[有]가 있기 때문에 태어남이 있고, 존재를 인연하여 태어남이 있음'을 깨닫게 되었다는 것입니다.

이와 같은 고따마의 관조의 행(行)과 그 결과로서의 깨달음은 계속됩니다. 그 다음의 관조의 대상은 '무엇이 있어 존재가 있고, 무엇을 인연하여 존재가 있는가?'이고, 참다운 지혜로써 깨달은 내용은 '취착[取]이 있기 때문에 존재가 있고, 취착을 인연하여 존재가 있다. 취착은 사물에 맛들이고 집착하여 돌아보고 생각하여 마음이 거기 묶이면, 애욕(愛欲)이 더하고 자라나게 된다.'라는 것입니다.

그리고 여기에서는 본 경전이 설하고 있는 내용 전체를 제시하지 않았지만 앞에서 말한 것처럼, 관조의 내용과 그에 따른 깨달음의 내용은 고따마 붓다가 성도의 내용이라고 설명하여 밝히고 있는 연기법의 하나인 12지연기(十二支緣起)라는 것입니다. 연기법과 그에 따른 12지연기는 불자라면 대부분이 알고 있는 불교의 핵심적인 교리입니다. 때문에 이 부분에 관해서는 고따마 붓다의 깨달은 법(法; dharma)에 관하여 말하는 항목에서 자세하게 다시 다루도록 하겠습니다.

진리란 무엇인가?

부처
[佛·부처님·Buddha]

부처[佛·부처님·Buddha]를 찾는 선수행(禪修行)

고따마 싯다르타라는 한 자연인이 수행하여 네 번째 선정[第四禪]까지 이루고, 악마와 그 권속들을 항복받아 샛별이 동쪽에서 빛나는 순간 성불하여 고따마 붓다가 되었다는 사실은 초기경전인 『아함경』이나 『니까야』는 물론이고 많은 대승경전(大乘經典)에서도 똑같이 설하고 있습니다. 다만 무엇을 깨달았는가라는 깨달은 내용과 명칭에 관해서는 경전마다 다르기 때문에 특정한 말로 표현할 수는 없습니다.

가령 『방광대장엄경』 「제9권」에서는 "보살은 후야(後夜)에 이르러 명성(明星)이 반짝일 때에 불(佛)·세존(世尊)·조어장부(調御丈

夫)의 성스러운 지(智)와 알 바·얻을 바·깨달을 바·볼 바·증득할 바의 일체에 일념으로 상응하는 혜(慧)로써 아누다라삼먁삼보리(Anuttara-samyak-saṁbodhi, 無上正等正覺)를 증득하여 등정각(等正覺)을 이루고 삼명(三明)이 구족하게 되었다.”라고 기술하고 있습니다.

반면에, 『맛지마 니까야』 「고귀한 구함의 경[聖求經]」에서는 “바라나시의 녹야원(鹿野苑)에서 수행하던 다섯 비구가 고따마 붓다를 뵙게 되었을 때 ‘벗이여(āvuso)’라고 말을 걸었는데, 이때 고따마 붓다는 “비구들이여, 여래(如來)를 이름으로 불러서도 안 되고 ‘벗이여’라고 불러서도 안 된다. 비구들이여, 여래는 아라한[阿羅漢; 공양 받아 마땅한 사람 즉 應供]이고, 바르게 완전한 깨달음을 성취한 사람[正等覺者]이다.”라고 설시하고 있습니다.

이와 같이 고따마 붓다가 깨달은 내용을 무엇이라고 칭하든 간에 깨달음에 의해서 사람의 신분에서 부처[佛·부처님·Buddha]라는 고귀한 신분으로 전환되었다는 것은 역사적 사실입니다. 즉 고따마 싯다르타라는 카필라국(迦毗羅國) 정반왕(淨飯王)의 태자가 아누다라삼먁삼보리라는 가장 높고 바르며 원만한 깨달음을 얻어서 부처님이 되신 것입니다. 그리고 이 아누다라삼먁삼보리의 증득은 결코 석가모니 부처님에게만 한정되는 것은 아닙니다. 『반야심경』에서 “삼세(三世)의 모든 부처님도 반야바라밀다에 의지한 까닭에 아누다라삼먁삼보리를 얻었다.”고 설하고 있는 것처럼, 과거·현재·미래의 모든 부처님이 모두 이 아누다라삼먁삼보

진리란 무엇인가?

리를 얻어서 부처님이 되셨고, 현재 부처님이 되고 있으며, 미래에도 수많은 부처님이 탄생하실 것입니다.

그런데 여기에서 중요한 것은 고따마 붓다가 아누다라삼먁삼보리를 얻어 석가모니 부처님이 되었다고 해서, 그것이 부처님에 의해서 창조되었다거나 혹은 누군가로부터 부여받았다는 의미가 아니라는 사실입니다. 왜냐하면 아누다라삼먁삼보리는 불멸(不滅)의 진리 그 자체여서 부처님이 세상에 오시든 오시지 않든 상관없이 영원히 존재하는 것이기 때문입니다. 여기에서 '무엇이 부처인가?'라는 불교의 가장 근원적인 문제가 제기됩니다.

무엇이 '인간의 삶인가?'라는 문제를 가장 우선시하여 이것의 해결을 위해서 시작된 종교가 불교이고, 불교 가운데서도 유독 이 문제에 천착(穿鑿)하는 불교를 선불교(禪佛敎)라고 말합니다. 그리고 그렇게 수행하는 불교를 선수행(禪修行)이라고 부릅니다. 여기서 말하고 있는 '선(禪)'이라는 말은 산스끄리뜨어 드야나(dhyāna)의 음역(音譯)으로 선나(禪那)라고도 번역하고 있는데, 중국초기불교에서는 의역(意譯)해서 정려(靜慮)라고도 했습니다.

그러나 달마(達磨) 조사 이전의 중국 초기선사상(初期禪思想)의 기초를 닦은 인물로 평가받고 있는 남악혜사(南岳慧思; 515~577) 스님이나 천태지의(天台智顗; 538~597) 스님은 정(靜)은 지(止), 려(慮)는 관(觀)으로 부르기 시작하여 오늘날에 이르고 있습니다. 여기서 말하는 지란 일체의 번뇌나 망상이 멈추고 생명 본래의 고요한 상태에 들어간 상태를 가리키고, 관이란 그 고요한 지의 상태에서 동시에 뚜렷하고 분명하게 자신의 생명이 본래 가지고 있는 밝은 빛을 비추어보고 드러내는 것을 말합니다.

이렇게 보면 인간 삶의 의미를 찾는 종교가 불교이고, 불교가 발견한 삶의 의미를 체득(體得)하기 위해서 부처를 찾는 행위를 선수행이라고 말할 수 있을 것입니다. 때문에 이 선수행의 이론과 실천방법을 설명하고 지도하는 많은 문헌들이 중국의 당송(唐宋) 때부터 출판되기 시작하여 지금도 우리나라를 비롯하여 중국이나 일본 등지에서 간행되고 있지만, 고래로부터 지금까지 선수행의 지침서로서 대표적인 것이 선의 문헌 가운데 첫 번째로 꼽는 책[宗門第一書]인 『벽암록(碧巖錄)』과 간화선(看話禪)의 기본교재라고 평가받고 있는 『무문관(無門關)』입니다. 때문에 이 두 문헌은 깨달음을 얻기 위해서 선수행을 하는 사람은 누구를 막론하고 반드시 읽어야 하는 필독서가 되어 있습니다.

이와 같은 이유에서 소납은 지금부터 『벽암록』과 『무문관』에서 다른 이유가 붙어 있지 않고 단도직입적으로 "어떤 것이 부처입니까[如何是佛]?"라는 질문에 대하여 대답하신 몇몇 조사스님들의 화두(話頭)를 통해서 부처의 의미를 찾아보고자 합니다. 그리고 제가 여기서 '다른 이유가 붙어 있지 않고 단도직입적으로'라고 말한 이유는 가령 『무문관』「제37칙」에서 "무엇이 조사가 서쪽에서 오신 뜻입니까[如何是祖師西來意]?"라는 어떤 스님의 질문

진리란 무엇인가?

에 조주 선사가 "뜰 앞의 잣나무니라[庭前柏樹子]."라고 답한 경우와 같은 것입니다. 왜냐하면 "무엇이 조사가 서쪽에서 오신 뜻입니까?"라는 말의 마지막 의미는 결국 '무엇이 부처입니까?'라는 곳으로 귀결되기 때문입니다.

법안(法眼) 선사의 "그대는 혜초니라."

(1) 법안종을 창시한 법안 선사

『벽암록』「7칙」의 본칙(本則) 내용은 아래와 같습니다.

> 승(혜초)이 법안에게 물었다
> 혜초가 화상에게 묻나이다. "어떤 것이 부처입니까[如何是佛]?"
> 법안이 말했다. "그대는 혜초니라[汝是慧超]."

본칙의 의미를 논하기 전에 먼저 이 화두로 붓다의 의미를 분명하게 밝히고 있는 청량법안(淸涼法眼; 885~958) 선사에 관하여 살펴보겠습니다. 법안 선사는 중국 복주(福州) 지장원(地藏院)의 나한계침(羅漢桂琛; 867~928) 선사의 법을 이었는데, 중국 선종의 5대종가(五大宗家)의 하나인 법안종(法眼宗)을 창시한 인물입니다.

법안 선사는 행각 중에 지장원으로 찾아가 계침 선사를 처음 친견하고, 그 다음날 다시 행각하기 위해 지장원을 나오려 할 때 계침 선사가 뜰 앞의 돌을 가리키며 물었습니다. "그대는 어제 '삼계는 오직 마음이며, 만법은 오직 인식에 있다[三界唯心 萬法唯識]'고 말했는데, 지금 이 돌은 그대의 마음 안에 있는가? 밖에 있는가?"

법안 선사가 "마음 밖에 법이 없으니 그 돌은 마음 안에 있지요."라고 대답하자, 계침 선사가 탄식하여 말했습니다. "행각하는 수행자가 어찌 하나의 돌을 마음 안에 짊어지고 다니는가?" 그 말에 법안 선사는 말문이 막혀, 지장원의 암주인 계침 선사를 스승으로 모시고 참선 수행을 하여 선사의 법을 계승하게 되었습니다. 그 후 법안 선사의 법을 이은 스님이 천태덕소(天台德韶; 891~972) 국사인데, 법안 선사는 국사의 오도송(悟道頌)인

통현봉 마루턱은[通玄峯頂]
인간 세상 아니네[不是人間].
마음 밖에 사물이 없나니[心外無法]
눈에 보이는 건 푸른 산뿐이네[滿山靑山].

라는 게송을 듣고 "이 게송만으로도 우리 종문을 일으킬 수 있다."고 하면서 인가를 해 주었습니다.

선사의 교수방법[家風]은 간단명료하고 단도직입적인 것으로

진리란 무엇인가?

유명한데, 이를 '줄탁동시(啐啄同時)의 가르침'이라고 합니다. 이 말은 '어미 닭이 알을 부화시킬 때 병아리가 알 속에서 나오려고 껍질을 쪼면[啐], 바로 그 자리를 어미 닭이 쪼아주듯[啄] 상대방의 수준과 상태에 가장 적절한 가르침을 준다.'는 뜻입니다. 그 대표적인 예가 바로 이 공안(公案)인데, 화두는 분별심으로는 결코 알 수 없는 경지라고 할 수 있습니다. 때문에 『벽암록』의 저자인 원오극근(圓悟克勤; 1063~1135) 선사는 이 자리를 본칙의 머리말[垂示]에서 "하늘이 능히 덮지 못하고 땅이 능히 싣지 못하며, 허공이 능히 용납하지 못하고 해와 달이 능히 비추지 못한다[天不能蓋 地不能載 虛空不能容 日月不能照]."라고 설하고 있습니다.

그런데도 불구하고 원오 선사 당시의 사람들은 곧잘 다음과 같은 식으로 말하고 있다고 나무라고 있습니다. "혜초 자신이 곧 부처였기 때문에 법안은 이렇게 대답했다." "혜초의 물음은 즉 부처가 부처를 물은 격이니 마치 소를 타고 소를 찾는 격이다." "혜초가 물은 그곳이 바로 부처이므로 법안은 이렇게 대답했다."

그리고 이러한 말들은 오늘날 지금도 선(禪)을 공부하고 있는 사람들, 특히 학자들 가운데 많이 하고 있습니다. 그러나 이런 식의 문자풀이를 통해서는 법안 선사가 대답한 부처의 참모습은 결코 볼 수가 없습니다.

만약 이 화두를 단지 문자풀이를 통해서 깨닫고자 한다면 그건 바로 선을 말살시키려는 행위가 됩니다. 혜초 스님은 법안 선사의 "그대는 혜초니라."라는 이 대답을 듣는 순간 깨달음을 얻었는데, 그것은 "마치 꽉 막힌 나무통 밑이 쑥 빠져버리는 것과도 같은 시원함이었다."라고 원오 선사는 평론하고 제창하는 말[評唱]에서 밝히고 있습니다. 이것은 수행자가 깨달음을 증득할 때에 공통적으로 느끼는 기분을 그대로 전하고 있는 것입니다.

그러나 우리들이 여기에서 간과하지 않아야 할 것은 혜초 스님이 이렇게 법안 선사의 단 한 마디 말에 깨달음을 얻을 수 있었던 것은 그냥 우연히 그렇게 된 것이 아니라는 사실입니다. 거기에는 이렇게 되기까지 몸과 마음을 다 기울여 좌선 수행을 해 온 피나는 노력이 있었던 것입니다. 붓다가 무엇인지 깨달음을 얻고 싶거든 그대도 이렇게 하라는 것입니다. 그대의 모든 걸 여기에 쏟아야 한다는 의미가 본칙에 담겨져 있습니다.

(2) 법안 선사의 병정동자래구화(丙丁童子來求火)

그런데 원오 선사는 본칙에서 법안 선사가 대답한 "그대는 혜초니라."라는 말을 설명하는 평창(評唱)에서 다음과 같은 이야기를 합니다.

법안 선사가 방장으로 계시는 총림에 금릉(金陵) 보은사(報恩寺)의 현칙(玄則) 스님이 방부를 드리고 감원(監院)의 소임을 맡아 수행하고 있었습니다. 현칙 스님은 스스로 깨달음을 얻었다고 생각하고 있던 터라 법안 선사에게 법을 묻지 않고 있었는데, 어느 날 법안 선사가 칙감원을 불러서 "칙감원, 자네는 어찌해서 입실(入室)하여 법을 묻지 않는가?"라고 말했습니다.

그러자 칙감원이 "큰스님께서는 아직 모르셨습니까? 제가 청봉 큰스님 문하에 있을 때 깨달은 바가 있었습니다."

이에 법안 선사가 "자네, 시험 삼아 다시 그때 일을 나에게 거론해 보게."

그러자 칙감원이 제가 청봉 큰스님에게 "어떤 것이 부처입니까 [如何是佛]?" 하고 여쭈니, 큰스님께서 "병정동자래구화(丙丁童子來求火)."라 했습니다.

법안 선사께서 "아주 멋진 말이군. 자네가 혹 잘못 알고 있을까 걱정스러우니 다시 한 번 더 그 뜻을 말해보게."

칙감원이 말했습니다. "병정은 불에 속하나니[陰陽五行 중 天干인 丙丁은 불에 속한다.] 불이 불을 구하는 격이라. 저 자신이 부처거니 다시 어디 가서 부처를 찾겠습니까?"

법안 선사가 말했습니다. "칙감원, 자네 과연 잘못 알고 있었구나."

이 말을 들은 칙감원은 몹시 화가 나서 그대로 선원을 떠나 양자강을 건너가 버리고 말았습니다. 그러나 가다가 생각했습니다. '법안 선사는 500명의 대중을 거느린 스승인데, 어찌 나를 기만했겠는가.'라고. 생각이 여기에 미치자 칙감원은 즉시 되돌아와서 다시 법안 선사를 뵈었습니다.

법안 선사가 말했습니다. "자넨 그저 묻기만 하게. 내가 자네 대신 대답하겠네."

칙감원이 여쭈었습니다. "어떤 것이 부처입니까?"

법안 선사가 말했습니다. "병정동자래구화(丙丁童子來求火)."

칙감원은 이 말을 듣는 순간 크게 깨달았습니다.

여기서 우리 모두는 '어떤 것이 부처인가?'라는 물음에 대한 답으로 제시된 스승[善知識]의 말씀인 '병정동자래구화(丙丁童子來求火)'라는 언구에 관심을 갖지 않을 수 없습니다. 첫째는 원오 선사는 무슨 이유에서 '그대는 혜초니라'라는 설명으로 '병정동자래구화'를 들고 나왔는가 하는 것이고, 둘째는 무슨 까닭에 현칙 스님은 청봉 스님이 '병정동자래구화'라고 말한 대답 아래서는 해오(解悟)를 깨달음으로 착각했고 지금 법안 선사의 똑 같은 대답 아래서는 견성(見性)을 하게 된 것일까 하는 것이며, 셋째는 현칙 스님이 청봉 스님 밑에서 얻은 상사각(相似覺)인 해오와 법안 선사 아래서 얻은 깨달음에는 무슨 차이가 있는가 하는 것입니다.

먼저 청봉 스님의 대답에서 얻은 상사각인 해오와 법안 선사의 '병정동자래구화'라는 말 아래서 얻은 깨달음의 차이점을 살펴보겠습니다.

진리란 무엇인가?

상사각이란 『대승기신론(大乘起信論)』에서 말하는 깨달음[覺]의 종류 중 진정한 깨달음이 아니고 비슷한 깨달음을 말하는데, 상사각 가운데서 수행자가 가장 많이 빠지는 것으로 깨달음을 단지 이해하고 알아채는 수준인 해오의 경지가 있습니다.

　　소납도 한 30여 년 전에 해오의 상사각을 진정한 깨달음으로 착각하여 기고만장(氣高萬丈)하던 때가 있었습니다만… 현칙 스님이 청봉 선사의 '병정동자래구화'라는 대답에서 '병정은 불에 속하나니, 불이 불을 구하는 격이라. 저 자신이 부처거니 다시 어디 가서 부처를 찾겠는가.'라고 생각한 것이 대표적인 해오의 상사각입니다. 그러나 현칙 스님이 법안 선사의 '병정동자래구화'라는 말 아래서 얻은 깨달음은 상사각인 해오가 아닌 참된 깨달음입니다.

　　다음으로 현칙 스님이 얻은 상사각인 해오와 뒤에 얻게 된 참된 깨달음에는 어떤 구체적인 심적(心的) 차이가 있는지를 살펴보겠습니다. 그러나 사실 이 문제는 앞에서도 잠시 언급한 적이 있습니다만, 한 마디로 말할 수 있는 것은 아닙니다. 오히려 입을 다물고 있어야 정답일 수 있습니다. 그렇지만 말할 수 없는 도리라고 해서 언제까지나 입을 다물 것이 아니라는 생각에서 허물인 줄 알면서도 사족(蛇足)을 붙여보겠습니다.

　　현칙 스님은 청봉 선사의 '병정동자래구화'라는 대답에서 '저 자신이 부처거니 다시 어디 가서 부처를 찾겠는가?'라고 생각했습니다. 즉 나는 부처라는 상(相)이 새롭게 생겨나서 그 상을 붙잡고 있습니다. 『금강경』에서는 "일체 모든 상을 여읨을 곧 모든 부처님이라 부른다[離一切相 卽名諸佛]."라고 설하고 있습니다만, 현칙 스님은 반대로 새로운 상을 만들고 있는 것입니다. 반면에 현칙 스님이 법안 선사의 '병정동자래구화'라는 말을 듣는 순간 마음에 남아 있던 '내가 곧 부처'라는 상인 마지막 분별심이 지워져버린 것입니다. 그 자리에서 '텅 빈 부처'를 본 것이지요. 그리고 그 '텅 빈 부처가 자신'임을 본 것입니다.

마지막으로 원오 선사는 무슨 이유에서 '그대는 혜초니라'라는 설명으로 '병정동자래구화'를 들고 나왔는가 하는 문제를 살펴보겠습니다. 앞에서 이미 혜초 스님이 법안 선사의 '그대는 혜초니라.'라는 대답을 듣는 순간 깨달음을 얻음과 같은 말을 '줄탁동시의 가르침'이라고 설명했습니다만, 법안 선사의 '병정동자래구화'에는 줄탁동시의 가르침을 넘어서는 깊은 뜻이 같이 있습니다. 즉 청봉 선사의 '병정동자래구화'와 법안 선사의 '그대는 혜초니라.'는 똑같은 의미를 가지고 있는 화두라는 점입니다. 어떤 의미에서 똑같은 화두라고 할 수 있는가?

우리들은 이미 '병정동자래구화'라는 화두가 비록 상(相)이 남아 있는 것이긴 하지만, '저 자신이 부처거니 다시 어디 가서 부처를 찾겠는가.'라는 의미를 담고 있음을 살펴보았습니다. 따라서 법안 선사의 '그대는 혜초니라.'라는 화두 역시 '내가 곧 부처'라는 의미의 범주(範疇)를 벗어나고 있지 않음을 유추해 볼 수 있습니다. 그렇지만 저의 이 생각은 어쩌면 오류(誤謬)일지도 모릅니다. 그럼에도 불구하고 여기서 이렇게 주장할 수 있는 것은 본칙의 해설의 시[頌]에 해당하는 설두중현(雪竇重顯; 980~1052) 선사의 송(頌)의 내용이 '사람이 곧 부처'라는 의미를 강하게 풍기고 있기 때문입니다.

(3) 본칙에 대한 설두 선사의 송(頌)

본칙에 대한 설두 선사의 송을 살펴보기 전에 먼저 설두중현 선사의 간단한 행장과 『벽암록』과의 관계에 대하여 살펴보겠습니다. 설두 선사는 중국 송나라 때 사천성 수주(遂州)에서 태어나 20세에 출가하여 처음에는 경전공부를 하다가 선수행을 시작했습니다. 그 후 지문광조(智門光祚) 선사를 찾아가 선수행을 하던 어느 날 지문 선사에게 "한 생각도 일어나지 않았을 때 무슨 잘못이 있습니까?"라고 물었습니다. 지문 선사가 그를 가까이 오라고 불러서 가까이로 다가갔는데, 지문 선사가 느닷없이 불자(拂子)로 그의 얼굴을 쳤습니다. 그 순간 그가 무슨 말인가 하려고 입을 벌렸는데 지문 선사가 불자로 또 때렸습니다. 그때 문득 큰 깨달음을 얻었는데 지문 선사 문하에서 수행을 시작한 지 5년 뒤의 일이었습니다. 선사는 그 후 취봉(翠峰)의 영은사(靈隱寺)에 머물다가 설두산(雪竇山)으로 옮겨 갔는데 거기서 30년 간 제자들을 가르쳤습니다.

어느 날 설두산을 거닐다가 문득 자신의 삶이 얼마 남지 않았다는 것을 알고 시자에게 이렇게 말했습니다. "내 어느 때 다시 여기 와서 이 경치를 보겠느냐?" 시자는 울먹이며 임종게를 청했으나 선사는 이렇게 말했습니다. "평생 동안 너무 많은 말을 했다. 내 또 무슨 할 말이 있겠는가." 선사는 절에 돌아와서 다음날 자신의 소지품을 모두 대중들에게 나눠준 다음 단정히 앉아 입적했는데, 그의 나이 73세였습니다.

남달리 시적인 감성이 풍부했고 문장력이 뛰어났던 설두 선사는 운문의 4세로 운문종(雲門宗)을 크게 중흥시켰는데, 그의 법을 이어받은 제자만도 무려 70여 명이나 됩니다. 그의 많은 저서 가운데 가장 대표적인 것이 『설두송고백칙(雪竇頌古百則)』입니다. 그리고 선문의 최고봉이라 일컫는 『벽암록』은 원오극근 선사가 『설두송고백칙』을 저본(底本)으로 하여 여기에 수시(垂示. 서문), 착어(著語. 촌평), 평창(評唱. 비평과 해설)을 붙여서 완성한 책입니다.

설두 선사의 해설의 시[頌]는 이러합니다.

"강남에 봄바람이 아직 불기 전[江國春風吹不起]
자고새는 꽃숲에서 우짖고 있네[鷓鴣啼在深花裏].
삼단의 물결 거슬러 고기는 용이 됐거늘[三級浪高魚化龍]
어리석은 이는 아직도 밤 연못의 물을 퍼내고 있네[癡人猶戽夜

진리란 무엇인가?

塘水]."

설두 선사의 송은 7언(言) 4구(句)로 되어 있지만 우리말로는 세 문장으로 이해하는 것이 좋을 것 같아서 세 문장으로 나누어서 송의 의미를 살펴보겠습니다.

첫 송의 내용은 "강남에 봄바람이 아직 불기 전 자고새는 꽃 숲에서 우짖고 있네."입니다. 여기서 말하는 강남은 법안 선사가 거주하는 청량사가 있는 양쯔강 남쪽지방을 가리킨다고 할 수는 없을 겁니다. 우리 노래에도 "산 너머 남촌에는 누가 살기에 해마다 봄바람은 남에서 오네."라는 구절이 있듯이 봄이 가장 먼저 찾아오는 남부지방을 강남이라 말하고 있습니다. 이치적으로 본다면 '봄바람 불고 꽃이 피는 그때에 자고새가 운다'고 해야 말이 맞습니다. 그러나 설두 선사는 봄바람이 불기도 전에 이미 꽃이 피고 자고새가 지저귄다고 읊고 있으니 이것이 무슨 소식일까요?

자고는 메추라기와 비슷하게 생긴 새로 모양 자체로는 동양의 자고와 유럽의 자고가 조금 다르다고 하는데, 한국·중국·유럽 동부에 분포하고 주로 산이나 들에 서식한다고 합니다. 특히 자고는 중국의 남부지방인 소주나 항주 등지에 많이 사는데, 그곳에서는 이 새가 봄이 왔음을 제일 먼저 알리는 징조로 알고 있기 때문에 설두 선사가 자고를 언급하고 있는 것입니다. 여하튼 설두 선사는 법안 선사의 '그대는 혜초니라'라는 대답의 이유를 설명하기 위하여 전후(前後)가 바뀐 말을 쓰고 있습니다. 그리고 원오 선사는 전후가 바뀌어 있는 이 구절에 대하여 「수시」에서 "말로 표현하기 이전의 진리는 모든 성인네들조차 전할 수 없다[聲前一句千聖不傳]."라고 말하고 있습니다. 즉 이 소식은 우리 모두가 화두 참구를 통해서 밝혀야만 합니다.

다음 송은 "삼단의 물결 거슬러 고기는 용이 됐거늘"입니다. 설두 선사는 여기서 법안 선사의 '그대는 혜초니라'라는 대답을 듣는 즉시 깨달음을 얻은 혜초 스님을 '용문에 있는 삼단의 물결을 거슬러 용이 되어 승천하고 있는 물고기'로 견주고 있습니다. 옛날 우왕(禹王)이 치수사업으로 용문산 맹진(孟津)의 폭포를 끊어서 삼단으로 만들었는데, 3월 3일 복사꽃이 필 때 하류에 사는 물고기가 이 용문의 삼단폭포를 거슬러 올라가면 용이 된다고 하는 전설이 있다고 합니다. 그러나 뛰어오르지 못한 물고기는 머리에 상처만 입고 되돌아온다고 하는데, 설두 선사는 혜초 스님이 수행하여 견성(見性)하는 상황을 이 전설에 빗대어 말하고 있습니다.

그런데 원오 선사는 송의 촌평[著語]에서 "대중을 속이지 말라. 용의 머리를 밟았다."라고 말하고 있습니다. '설두 선사님, 온 천지에 용이 아닌 것이 어디 있습니까? 나도 용, 그대도 용, 산천초목이 모두, 아니 온 누리가 그대로 온통 용으로 가득합니다. 단지 사람들이 눈이 멀어 모르고 있을 따름입니다.'라는 원오 선사의 빈정대는 듯한 입바른 소리입니다.

진리란 무엇인가?

마지막 구절이 "어리석은 이는 아직도 밤 연못의 물을 퍼내고 있네."라는 것인데, 이 말 역시 위 구절을 받아서 '물고기는 이미 용문의 삼단폭포를 뛰어서 용이 되었는데, 어리석은 사람들은 물고기를 잡으려고 칠흑 같은 밤에 연못의 물을 퍼내고 있다.'라는 말입니다. 혜초 스님은 이미 깨달음을 얻어 부처의 자리에 앉아 있는데, 사람들은 법안 선사의 말만 붙들고 무엇인가 이치로써 부처를 찾아보려고 애쓰고 있다는 것입니다.

그래서 원오 선사는 송의 촌평에서 "담벼락을 더듬고 문 밖에서 기웃거리니 이러한 스님들을 어디에 쓰겠는가. 참 어리석기 짝이 없네."라고 수행을 잘못하고 있는 승려들을 힐난하고 있습니다. 참선한다고 하면서 글자풀이나 이치로만 따져서는 결코 부처를 볼 수가 없습니다. 하루에 일종식을 하고 눕지 않고 몇 십 년을 수행한다고 해도 화두에 의심이 살아 있지 않으면 아무 소용이 없는 것입니다. 소납은 『벽암록』을 공부할 때 본칙에 대하여 다음과 같은 글로 정리를 했습니다.

천당(天堂)의 문은 열린 적도 없고 닫힌 적도 없는데,
그대는 어느 문으로 들어가고자 하는가?
지옥(地獄)의 문은 닫힌 적도 없고 열린 적도 없는데,
그대는 어느 문으로 나오려고 하는가?

동산(洞山) 화상의 "삼 껍질 세 근[麻三斤]"

(1) 운문 선사의 법제자 동산수초 화상

『벽암록』「12칙」의 본칙(本則) 내용은 아래와 같습니다.

 승이 동산에게 물었다
 "어떤 것이 부처입니까[如何是佛]?"
 동산이 말했다.
 "삼 껍질 세 근[麻三斤]."

 앞의 항과 마찬가지로 본칙의 의미를 논하기 전에 먼저 이 공
안(公案)으로 부처의 의미를 분명하게 밝히고 있는 동산수초 화
상에 관하여 살펴보겠습니다. 선종의 역사를 살펴보면 두 사람
의 걸출한 동산(洞山) 화상이 있는데, 한 사람은 강서성 서주 고안
현의 동산(洞山)에서 활약한 선승으로 조동종(曹洞宗)의 개창자인
동산양개(洞山良价) 화상이고, 또 한 사람은 본칙의 주인공인 동
산수초(洞山守初; 910~990) 화상입니다.
 동산수초 화상은 후량(後梁) 때 섬서성 봉상부에서 태어나 나
이 39세부터 양주(襄州) 동산(洞山)에서 교화하다가 81세에 입적
했습니다. 동산 화상은 운문(雲門; 864~949) 선사의 법제자인데,

처음 운문 선사를 찾아뵙자 선사가 동산 화상에게 물었습니다.

"요사이 어디 있다가 왔느냐?"

"사도(査渡)에서 왔습니다."

"여름 안거는 어디에서 했는가?"

"호남 보자사에서 지냈습니다."

"언제 그곳을 떠났는가?"

"8월 25일에 떠났습니다."

"너에게 뼈아픈 몽둥이 석 대[三頓棒]를 때려야겠구나."

그 이튿날 스님은 방장실로 올라가 여쭈었습니다.

"어제 스님께서 저에게 삼돈방을 때리겠다고 하셨는데, 저의 허물이 어디에 있었습니까?"

"이 밥통아! 강서 호남에서 그러고 다녔느냐?"

이에 화상은 크게 깨쳤습니다.

(2) 본칙에 관한 원오 선사의 비평과 해설[評唱]

과거로부터 지금까지 많은 선지식(善知識)들은 '어떤 것이 부처냐?'라는 물음에 대하여 활구(活句)로써 혹은 친절한 설명으로 많은 대답을 했고 지금도 하고 있습니다. 앞 항에서 법안 선사의 '그대는 혜초니라'를 고찰해 보았지만, 이 외에도 수많은 활구가 있습니다. 그런데도 원오 선사는 본칙의 비평과 해설[評唱]에서 동산 화상이 대답한 '삼 껍질 세 근[麻三斤]'이야말로 단연 압권(壓卷)이라 설하고 있습니다. 사실 이 공안은 음미해 보기도 어렵고 설명할 수도 없을 뿐만 아니라, 무미건조하고 담백하여 아무 맛도 없습니다. 거기다가 본칙의 이 공안을 대부분의 사람들이 잘못 알고 있기도 합니다.

그 중의 하나가 "동산 화상은 그때 마침 창고에서 삼[麻]을 저울에 달고 있었는데, 어떤 스님이 부처를 물었기 때문에 이렇게 대답했다."는 것입니다. 소납도 처음에 학자들이 저술한 선의 설명서에서 이 부분을 읽고는 한동안 이렇게 믿고 있었습니다. 그러나 이 말은 사실이 아닙니다. 이 외에도 어떤 이는 "동산이 동문서답을 했다."라고 하고, 또 어떤 사람은 "그대 자신이 부처거늘 다시 부처를 물었기 때문에 동산이 빙 둘러서 이렇게 대답한 것이다."라고 말하기도 합니다. 심지어 아주 멍청한 친구들은 "이 마삼근이야말로 부처"라고 단언하기도 하는데, 빗나가도 여간 빗나간 것이 아닙니다.

원오 선사도 말하고 있듯이, 선(禪)을 공부하는 사람이 만일 이런 식으로 동산 화상의 말뜻 속에서 답을 찾으려 한다면 미륵부처님이 다시 오신다는 56억 7천만 년 후가 되더라도 알 수가 없을 것입니다. 왜냐하면 언어는 다만 도를 담는 그릇일 따름인데, 동산 화상이 가리키는 달은 보지 않고 오로지 글자풀이인 손가

진리란 무엇인가?

락만 보고 있기 때문에 그 참뜻을 깨달을 수 없게 되는 것입니다. 이 마삼근 공안이야말로 한 줄기 서울로 통하는 고속도로와 같습니다.

원오 선사는 본칙의 공안을 『벽암록』 「제77칙」인 운문 선사의 '호떡[餬餅]'과 같아서 여간 알기 어려운 게 아니라고 설하고 있는데, 본칙 공안의 해결을 돕기 위하여 참고삼아 「제77칙」의 내용을 살펴보겠습니다.

어떤 스님이 운문 선사에게 물었다.
"어떤 것이 불조의 경지를 초월한 말입니까[如何是超佛越祖之談]?"
운문 선사가 말했다. "호떡[餬餅]"

수행자들이 부처를 묻고 조사를 물으며 선을 묻고 도(道)를 물어서 더 이상 물을 게 없어지면 '불조의 경지를 초월한 말'에 대하여 묻게 되는데, 운문 선사는 상대의 정도에 알맞게 '호떡'이라고 응수하고 있습니다. 그대는 운문 선사의 이 대답을 사량(思量)이나 분별(分別) 혹은 이치로 따져서 알 수 있겠습니까? 도저히 불가능합니다. 소납 역시 이 두 공안을 가지고 비교하면서 오랜 시간을 바쳐서 씨름하다가 겨우 '삼 껍질 세 근[麻三斤]'에 대하여 다음과 같이 적으면서 빠져나왔습니다.

봄, 여름, 가을, 겨울

20대 초에 산문에 들어 삭발염의하고

산사(山寺)에서 저잣거리에서 노닐다 보니

사하촌(寺下村) 아이들이 할아버지스님이라 부르네.

(3) 본칙에 대한 설두 선사의 송(頌)

설두 선사의 송(頌)은 다음과 같이 되어 있습니다.

금까마귀 급히 날고 옥토끼 빨리 가네[金烏急 玉兎速].

멋진 대응이거니 어찌 경솔함이 있겠는가[善應何曾有輕觸]?

사물의 제시로 선(禪)을 보인 것으로 동산을 보려 하면[展事投機見洞山]

절름발이 자라 눈먼 거북이 빈 골로 드는 격이네[跛鱉盲龜入空谷].

활짝 핀 꽃들 비단에 수놓은 듯 아름답다[花簇簇 錦簇簇].

남쪽 땅에는 대나무 북쪽 지방은 나무[南地竹兮 北地木]

장경과 육긍대부를 생각하노니[因思長慶陸大夫]

알았으면 웃어야지 곡하는 건 옳지 않네[解道合笑不合哭].

이(咦)!

설두 선사 송의 첫 구는 "금까마귀 급히 날고 옥토끼 빨리 가

진리란 무엇인가?

네.”입니다. 중국의 전설에 태양 속에는 금까마귀가 있고 달 속에는 옥토끼가 있다고 하는데, 이 “태양과 달이 급히 날고 빨리 간다.”는 말은 시간이 빠르게 지나간다는 뜻이 됩니다. 즉 '부처'를 묻는 질문에 '마삼근'이라고 바로 대답한 것이 마치 전광석화와도 같이 빠르다는 것입니다.

그러나 이것은 어디까지나 화두를 글자풀이로 이해하는 말이지 설두 선사가 말한 송의 진짜 뜻은 아닙니다. 원오 선사는 송의 「평창」에서 설두의 '금오급 옥토속'과 동산의 '마삼근'은 다른 것이 아니라고 하면서 “해가 뜨고 달이 져도 나날이 이와 같다[日出月沒 日日如是].”라고 밝히고 있습니다. 즉 '금오급 옥토속'은 '마삼근'과 맞먹는 설두 선사 자신의 활구라는 것입니다.

둘째 구는 “멋진 대응이거니 어찌 경솔함이 있겠는가.”입니다. 동산 화상의 '마삼근'은 “어떤 것이 부처냐?”라는 스님의 물음에 가장 적절한 답변이지 그냥 아무렇게나 경솔하게 내뱉은 말이 아니라는 것입니다. 마치 종을 세게 치면 크게 울고 살짝 치면 작게 울리듯이 물음의 강도에 따라 선지식의 대답도 거기에 상응한다는 말입니다.

셋째 구는 “사물의 제시로 선(禪)을 보인 것으로 동산을 보려 하면”입니다. 원문의 '전사투기(展事投機)'란 '구체적인 물건이나 사건을 보여서 상대방의 물음에 대답하는 것'을 말하는데, 여기서 어떤 스님의 물음에 '마삼근'이라는 구체적인 물건을 들어서 대답한 동산 화상을 이렇게 이해한다면 눈금을 잘못 보고 있다는 것입니다. 물론 언어문자의 차원에서 본다면 동산 화상은 분명히 '마삼근'이라는 물건을 보여 주었습니다. 그런데 이것이 왜 잘못되었다는 것일까요?

화두 참구라는 간화선의 수행방법은 이런 의심을 가지고 '마삼근'을 놓지 않는 수행입니다. 그러면 언젠가 동산 화상이 대답한 '마삼근'이라는 활구는 흔적도 없이 사라지고 그대 자신이 바로 '마삼근'임을 보게 됩니다. 이것을 견성(見性), 즉 자기의 본성을 아는 것이 아니라 본다는 것입니다. 여기서 깨달음을 이해하는 수준인 해오(解悟)와 참된 깨달음인 견성의 차이가 생기게 됩니다. 깨달음이라는 것은 이렇게 자신과 화두가 하나가 되어 마침내 화두인 '마삼근'까지 흔적도 없이 사라지고 텅 빈 자신의 성품을 보았을 때 얻어지는 경지입니다.

넷째 구는 "절름발이 자라 눈먼 거북이 빈 골로 드는 격이네." 인데, 도대체 누가 우리의 텅 빈 본성인 부처를 절름발이 자라와 눈먼 거북이로 만들었는가? 하는 말입니다. 절름발이 자라와 눈먼 거북이가 빈 골로 들어가는 형국이니 벗어날 기약이 없다는 말입니다. 빈 골짜기이므로 아무 것도 없고 방향도 알 수 없으며 먹을 것도 없습니다. 거기에는 온갖 고통과 번민만이 가득합니다. 그대와 나, 그리고 우리 모두는 그 죽음의 골짜기에서 벗어나야 합니다. 그러나 벗어나야겠다는 생각만으로는 벗어날 수 없습니

진리란 무엇인가?

다. 벗어날 수 있는 행동을 해야 합니다. 그러기 위해서 가장 먼저 해야 할 일이 "어떤 것이 부처입니까?"라는 물음에 "삼 껍질 세 근[麻三斤]"이라고 답한 동산 화상의 화두를 통과해야 합니다.

다섯째 구는 "활짝 핀 꽃들 비단에 수놓은 듯 아름답다."이고, 여섯째 구는 "남쪽 땅에는 대나무 북쪽 지방은 나무."입니다. 그런데 이 두 구절은 설두 선사의 스승인 지문광조 선사의 말을 여기에서 인용한 게송인데, 그 내력은 이러합니다.

　　지문 선사에게 어떤 스님이 여쭈었다.
　　"동산 화상이 마삼근이라고 말한 의지가 무엇입니까?"
　　"동산 화상이 말했다. '활짝 핀 꽃들 비단에 수놓은 듯 아름답다.'라고 했다."
　　그 스님이 "알지 못하겠다."라고 대답하자, 지문 선사가 다시 말했다.
　　"남쪽 땅에는 대나무가 북쪽지방은 나무가 많다."

그러나 두 게송 역시 '마삼근'의 뜻을 밝히고 있는 지문 선사의 활구입니다. 동산 화상과 지문 선사가 결국은 똑 같은 공안을 거론하고 있으므로 '삼중공안'이고, 그리고 여기에 원오 선사가 가세를 했기 때문에 '사중공안'이 된 것입니다. "활짝 핀 꽃들 비단에 수놓은 듯 아름답다."라는 이 현상에 대한 표현이 얼마나 멋집니까? "남쪽 땅에는 대나무 북쪽 지방은 나무"라는 말 역시 더운 남쪽 지방에는 대나무가 많이 자라고 북쪽 산지(山地)에는 나무가 많은 것은 자연현상의 한 모습을 말하고 있을 뿐이지 않습니까? 그런데도 이 두 구절이 활구의 공안임을 놓쳐서는 안 됩니다.

일곱째와 여덟째 구는 "장경과 육긍대부를 생각하노니, 알았으면 웃어야지 곡하는 건 옳지 않네."라고 연결되어 있습니다. 이 게송의 근거가 되는 자세한 내용은 이러합니다.

남전보원(南泉普願; 748~834) 선사의 재가제자(在家弟子)인 육긍대부가 선주 관찰사로 부임해 가는 길에 선사를 참배했는데, 선사는 이미 입적한 후였습니다. 육긍대부가 그 소식을 듣고 절에 들어가 선사의 영전(靈前)에 제사를 올리면서 껄껄 웃었습니다. 그러자 그 절 원주가 "스승이 돌아가셨는데 왜 울지 않고 웃느냐?"고 나무랐습니다. 그러자 육긍대부가 말했습니다. "원주스님, 한 마디 일러 보시오. 그러면 내 곡(哭)을 하리다." 원주는 아무 말도 못했습니다. 그러자 육긍대부는 대성통곡을 하면서 이렇게 말했습니다.

"아이고 아이고. 스승이 세상을 떠나신 지 너무 오래 됐구나."

후에 이 얘기를 들은 장경대안(長慶大安) 스님이 이렇게 평을 했습니다.

"대부는 웃어야지 곡하는 건 옳지 않다."

진리란 무엇인가?

설두 선사는 이 말의 대강을 빌려 와서 이렇게 게송으로 읊고 있습니다. 육긍대부·장경 스님·설두 선사·원오 선사는 같은 안목을 갖춘 선지식들입니다. 때문에 '마삼근'에 관한 이 어른들의 관점은 같은 것입니다.

송의 마지막을 장식하고 있는 '이(咦)'라는 말은 사람을 꾸짖거나 주의를 줄 때 내뱉는 소리입니다. 설두 선사는 앞에서 읊은 자신의 송게(頌偈)를 이 마지막 한 마디를 통해서 모조리 부정해 버리고 있습니다. 마치 『벽암록』「제1칙」에서,

양나라 무제가 달마 조사에게 물었다.
"어떤 것이 성스러운 진리의 핵심[聖諦第一義]입니까?"
달마 조사가 말했다.
"텅 비어서 성스러운 진리마저 없습니다[廓然無聖]."
무제가 물었다.
"(그렇다면) 짐과 마주한 그대는 누구요?"
달마 조사가 말했다.
"모릅니다[不識]."

라고 하는 것처럼, '이'는 달마 조사가 대답한 '모른다'는 의미와 같은 말입니다.

운문(雲門) 선사의 '똥 젖는 막대기[乾屎橛]'

(1) 운문종을 창시한 운문 선사

우리나라의 불자들 가운데 조금이라도 선법문(禪法門)에 관심이 있는 분이라면 '나날이 좋은 날[日日是好日]'이라는 말을 모르는 사람은 없을 겁니다. 그러나 이 훌륭한 말이 운문문언(雲門文偃; 864~949) 선사의 법문이고, 『벽암록』 「제6칙」에서 설하고 있는 화두라는 것을 아는 이는 드물 겁니다. 또한 한국에서 수행하고 있는 납자(衲子)치고 운문 선사가 제시한 '똥 젖는 막대기[乾屎橛]' 공안을 접해보지 않은 수좌(首座)도 없을 겁니다. 이처럼 운문 선사는 선문(禪門)에 많은 화두를 남기고 있는데, 제 개인적으로는 『운문록』 「중」에서 설하고 있는 다음과 같은 말씀을 좋아합니다.

선사가 상당하여 말했다.
"천지가 기우뚱하니 일월성신이 온통 깜깜하다. 어떻게 말하겠느냐?"
대중이 말이 없자, 대신 말했다.
"아무리 좋은 일도 아예 없느니만 못하다[好事不如無]."

운문 선사는 운문종(雲門宗)을 창시한 인물입니다. 선사는 소주

진리란 무엇인가?

의 가흥(嘉興)에서 태어났고, 어려서 출가하여 처음 사분율(四分
律) 등 율장(律藏)을 공부하고 강의하다가 목주도종(睦州道蹤) 선
사를 찾아갔습니다. 목주 선사는 사흘을 문도 열어주지 않았습
니다. 다른 일로 목주 선사가 문을 연 틈을 타 운문이 재빨리 밀
고 들어가려 하자, 목주 선사는 거칠게 문을 닫아버렸습니다. 문
틈에 발이 찍혀 통증을 느끼는 그때 목주가 운문 선사를 밀어내
면서, "아무짝에도 쓸모없는 놈 같으니라구." 하시니 운문 선사는
그 말 아래에 밝게 깨달았습니다. 그러나 목주 선사는 운문을 설
봉의존(雪峰義存; 822~908) 선사에게로 보냅니다. 운문 선사는 설
봉 선사 밑에서 여러 해 동안 열심히 정진한 끝에 완전한 깨달음
을 얻어 설봉 선사의 법을 부촉 받았습니다. 그 뒤 운문산으로
옮겨가 폐허가 된 절을 중수하여 24년간 교화를 펼치다가 86세
에 입적하셨습니다.

(2) 똥 젖는 막대기[乾屎橛]

『무문관(無門關)』「제21칙」의 내용은 아래와 같습니다.

운문 선사에게 어떤 스님이 물었다
"어떤 것이 부처입니까[如何是佛]?"
운문이 말했다. "똥 젖는 막대기다[乾屎橛]."

운문 선사가 설봉 선사를 찾아갔을 때의 일입니다. 설봉 선사가 머무르고 있는 곳의 산 밑에 도달한 운문 선사는 한 승려를 만나 이런 대화를 했습니다.

"스님께서 오늘 절에 올라갈 생각이오?"

"그렇습니다."

"한 가지만 부탁을 합시다. 설봉 선사에게 묻되, 다른 사람의 말이라고 해서는 안 되오."

"그렇게 하겠습니다."

"스님께서 절에 올라가면 대중들이 모여 앉고, 설봉 선사께서 법상에 오를 것이오. 그때 불쑥 나서서 팔뚝을 걷어붙이고 '이 늙은이야, 어째서 목에 씌운 칼을 벗지 못하느냐?'라고 하시오."

그 스님은 운문 선사가 시키는 대로 했다. 다 듣고 난 설봉 선사가 바로 법좌에서 내려와 그 스님의 멱살을 잡아 세우면서 말했다.

"얼른 한 마디 일러라. 얼른."

대꾸가 없자 선사가 멱살을 풀면서 말했다.

"네 말이 아니지?"

"제 말입니다."

"시자야, 오랏줄과 방망이를 가져오너라."

그랬더니 그 스님이 말했다.

"네, 제 말이 아니라, 산 아래에서 만난 절강에서 온 어떤 스님이 저더러 그렇게 말하라고 시켰습니다."

"대중들이여, 산 아래에 가서 5백 명 대중을 지도할 선지식을 모셔오너라."

운문 선사가 다음날 산에 오르자 설봉 선사가 보자마자 말했다.

"어떻게 지금의 경지에 이르게 되었는가?"

설봉 선사의 말이 떨어지자 운문은 머리를 숙였고, 여기서 이심전심(以心傳心)으로 깨달음을 얻었다.

설봉 선사로부터 인가를 받은 운문은 각지를 순방하며 곳곳에서 족적을 남겼습니다. 이렇게 수행하고 깨달음을 얻은 운문 선사의 선(禪)을 제방에서는 천자(天子)의 품격이 있다고 평했습니다.

선사는 선의 깊이뿐만 아니라 언어를 다루는 솜씨도 뛰어났습니다. 이러한 선사에게 어떤 스님이 "어떤 것이 부처입니까?"라고 물으니, 선사가 "간시궐(乾屎橛)"이라고 대답한 겁니다. 여기서 '간시궐'이 무엇인가 하는 문제가 생깁니다만, 선에 관한 책들이 많이 없었던 20여 년 전만 하더라도 선 법문을 하는 분들이 '간시궐'을 한자 번역 그대로 '마른 똥막대기'라고 말하곤 했습니다. 그러나 근래에 접어들어서는 '마른 똥막대기'라고 말하는 사람은 없는 것 같습니다. 대신 '뒷간의 똥막대기' 혹은 '똥 닦는 막대기'라는 새로운 번역어가 눈에 띕니다.

요즈음은 '변소'나 '뒷간'이라는 말 대신 수세식을 갖춘 '화장실'이라는 말이 보편화되어 있습니다. 때문에 '간시궐'이라는 옛 중국의 화장실 문화를 이해하기가 어렵습니다만, 우리나라도 화장지가 보편화되기 전에는 '간시궐'이 필요했던 시절이 있었습니다. 이때 소용되는 물건이 '간시궐'입니다.

무슨 말인고 하니 첫째는 '변소'에서 볼일을 보고 난 뒤에는 뒷물을 하든 무엇으로 닦아내든 항문에 남아 있는 변을 처리해야만 했는데, 이 경우 주걱처럼 생긴 나무 막대기로 닦아내는데 이 막대기가 '간시궐'이라는 것입니다. 둘째는 농경사회에서는 대소변을 모아서 밭농사의 거름으로 사용했는데, 그러기 위해서는 '변소'에 물을 적당히 부어놓고 변과 물이 잘 섞이게 휘젓는 막대가 필요한데 이것이 '간시궐'이라는 겁니다. 저도 어릴 때 이런 경험이 많이 있기 때문에 잘 알고 있습니다. 하여튼 제 개인적인 생각으로는 '변소'를 휘젓기 위해서 '뒷간'에 세워둔 조금 긴 나무 막대기를 '간시궐'이라 부른 것이 아닐까 생각합니다.

'뒷간의 똥막대기'든 '똥 젓는 막대기'든 운문 선사가 부처라고 대답한 '간시궐'에는 더럽고 지저분하고 하찮은 물건이라는 의미가 담겨져 있는 것은 분명해 보입니다. 왜 운문 선사는 부처님을

진리란 무엇인가?

위대하고 고상하고 성스럽고 청정한 존재로 말하지 않고, 오히려 그 반대개념의 결정체라고 할 수 있는 '똥 젓는 막대기'라는 말로 표현하지 않으면 안 되었을까! 『선문염송(禪門拈頌)』에는 부처님께서 인간으로 탄생하실 때 최초로 말씀하신 "하늘 위에서나 하늘 아래에서 나 홀로 가장 높다[天上天下唯我獨尊]."라는 게송에 대하여 운문 선사께서 "내가 당시에 그 광경을 보았다면, 한 방에 때려죽이고 개한테 먹이로 주어서 천하의 태평을 도모했을 것이다."라고 한 말씀이 있습니다.

이러한 운문 선사의 '천상천하유아독존'에서 말한 부처님에 대한 독설과 부처님은 성스럽고 청정하다는 고정관념과 편견을 여지없이 박살내고 있는 '간시궐'이라는 말은 똑같이 부처님만이 갖추고 있는 두 가지 특성을 여지없이 비평하고 비하하고 있습니다. 즉 먼저는 부처님만이 가지고 있는 원만구족(圓滿具足)한 복덕과 지혜가 '개'만도 못한 것이라고 비판했고, 다음은 부처님만이 소유하고 있는 번뇌를 여읜 청정성(淸淨性)을 뒷간에서 '똥 젓는 막대기' 정도에 불과하다고 악담(惡談)을 하고 있습니다.

(3) 청정법신(淸淨法身) 비로자나불

소납은 지금 그대에게 부처는 '청정하다'는 것을 전제로 하여 말하고 있습니다. 그렇다면 청정성이라는 것이 무엇이고, 왜 불자들은 '부처님은 청정하다'라고 알게 되었을까요? 부처님은 신체적으로도 특별한 특징을 갖추었고 능력적으로도 비할 데 없는 큰 위덕이 있기 때문에 보통 사람들은 형상적으로만 헤아려서 생각하기 쉽습니다. 그러나 그와 같은 뛰어난 모습과 능력을 나타내는 근원에는 보다 큰 진리 체성(體性)이 있습니다. 때문에 부처님의 몸을 말할 때 법신(法身)·보신(報身)·화신(化身)의 세 가지 몸의 부처님[三身佛]을 말합니다.

먼저 법신이란 부처님의 현상적인 육체의 근원에 있어 부처님을 부처님이게 한 근거로서의 부처님의 몸, 즉 본체성의 몸을 말하는데, 이 법신을 외형적으로 표현할 때는 청정하다고 해서 정정법신(淸淨法身) 비로자나불(毗盧遮那佛)이라고 합니다. 다음 보신이란 부처님이 보살로서 수행 중에 계실 때에 세운 바 큰 원과 닦으신 큰 행의 결과로서 받게 되는 한량없는 공덕으로 받은 몸, 즉 덕성의 몸을 말하는데, 이 보신을 언어로 표현할 때는 원만보신(圓滿報身) 노사나불(盧舍那佛)이라고 합니다. 극락세계에 계시는 아미타불이 대표적인 원만보신입니다. 셋째 화신이란 중생들이 진리를 깨닫는 선천적 능력이나 성격의 차이에 맞추어 그를 제도하고자 나타난 변화의 몸을 화신이라고 하는데, 보통 천백억화신(千百億化身) 석가모니불(釋迦牟尼佛)이라고 합니다. 그리고 이 화신을 응신불(應身佛), 또는 응화신(應化身)이라고도 부릅니다.

그런데 여기서 삼신불 중 청정법신에 대해서 여러 가지 견해가 생기게 됩니다. 무엇이 청정(清淨)이고 따라서 청정법신은 어떻게 생겼는가 하는 점입니다. 일수사견(一水四見)이라는 말이 경전에 있습니다. 똑같은 사물이라 하더라도 보는 중생에 따라서 다르게 받아들이는 것을 말하는데, 가령 같은 물을 보고 아귀는 피고름으로, 물고기는 거주하는 곳으로, 천상(天上)의 중생들은 갖가지 보배로 장식된 땅으로, 사람은 그냥 물로 본다는 것입니다.

　하나의 대상이지만 견해에 따라 시각이 달라지는 현상을 나타내는 말입니다. 사람이 생각하는 청정과 짐승이 생각하는 청정이 다를 것이고, 같은 사람이라 하더라도 종족이나 생활수준에 따라서 차이가 있을 것입니다. 운문 선사가 말한 '똥 젓는 막대기'를 더러운 것이라고 생각하는 것은 보통 사람들의 견해입니다. 똥 속에 살고 있는 구더기는 '똥 젓는 막대기'를 자기들의 놀이터로 생각할 것입니다. 즉 '청정'이라는 말은 정확하게 정의된 개념이 있는 것이 아니라 상황에 따라서 바뀔 수 있는 언어에 불과한 것입니다.

　법신(法身)이라는 말도 마찬가집니다. 『벽암록』「47칙」은 운문 선사가 생각하는 법신에 대한 화두의 하나인데, 원오 선사는 「수시」에서 "하늘은 아무 말이 없지만 사계절은 (어김없이) 운행하며, 땅은 아무 말이 없지만 만물은 잘 자란다. (그러므로) 사계절이 운행하는 곳에서 그 본체를 볼 수 있으며 만물이 자라는 곳에서 그 작용을 볼 수 있다[天何言哉 四時行焉 地何言哉 萬物生焉 向四時行處 可以見體 於萬物生處 可以見用]."라고 설하고 있습니다. 여기서 우리들은 법신이란 어떤 형체가 있는 것이 아니라, 부처님이 설하신 영원불멸의 진리 그 자체임을 알 수 있습니다. 그리고 이 불멸의 진리는 시간과 공간에 충만해 있고, 모든 존재들은 이 불멸의 진리 안에서 태어나 이 안에서 살다가 이 안에서 죽는 것입니다.

이렇게 법신은 청정이라는 형용사를 앞에 두고 있지만, 진리 그 자체이기에 말을 붙일 수 있는 자리가 아닌 것입니다. 그러나 선사(禪師)들은 이 자리를 게송으로 표현하는 경우가 많은데, 『벽암록』 「82칙」에서는 이런 대화가 나옵니다.

어떤 스님이 대룡(大龍) 선사에게 물었다.
"육신은 부서지거니와 어떤 것이 영원한 법신입니까?"
대룡 선사가 말했다.
"산꽃은 피어 비단 같고[山花開似錦]
계곡 물은 깊어 쪽빛을 띠었네[澗水湛如藍]."

(4) 본칙에 대한 무문(無門) 선사의 송(頌)

무문 선사의 송(頌)은 다음과 같이 되어 있습니다.

번갯불이 번쩍 하고[閃電光]
부싯돌이 튀긴다[擊石火].

진리란 무엇인가?

눈 깜박할 사이에[眨得眼]

이런, 벌써 지나가 버렸네[已蹉過].

무문 선사의 송을 논하기 전에 『무문관(無門關)』의 저자인 무문 혜개(無門慧開; 1183~1260) 선사에 관하여 간략하게 살펴보겠습니다. 선사는 남송(南宋) 때 절강성의 양저(良渚)에서 출생했는데, 출가하여 여러 곳을 다니며 훌륭한 선승들을 두루 참문하였습니다. 특히 조주(趙州; 778~897) 선사의 무자화두에 큰 의심을 가지고 월림사관(月林師觀; 1143~1217) 선사의 문하에서 6년간 무자공안을 전심전력으로 참구하였습니다. 어느 날 점심공양을 알리는 북소리를 듣고 홀연히 불법의 대의를 깨닫고 다음과 같은 오도송을 지었습니다.

맑은 대낮에 우레 소리[靑天白日 一聲雷],

대지 중생들의 눈을 활짝 열어 주었네[大地群生眼豁開].

삼라만상이 모두 머리 숙여 절하니[萬象森羅齊稽首],

수미산을 뛰어넘어 삼대에서 덩실덩실 춤을 추네[須彌跋趯舞三臺].

무문 선사는 이 오도송을 이튿날 월림 선사에게 바쳤습니다. 월림 선사는 "어디서 귀신 보는 소리를 하는가?"라고 고함치면서 그를 내쫓았는데, 이에 무문 선사도 일갈을 하니 월림 선사도 일갈을 토했습니다. 이렇게 두 사람이 동시에 일갈을 주고받으면서 무문 선사는 인가를 받고 월림 선사의 법을 계승하게 되었습니다.

운문 선사의 '똥 젓는 막대기' 공안에 대한 무문 선사의 송은 '무엇이 부처인가?'라는 물음에 대한 운문 선사의 대답이 '마치 번갯불이 번쩍하고 부싯돌에 불이 튀기는 것같이 눈 깜박할 사이의 일'이지만, 그 속에 부처에 대한 모든 것이 포괄(包括)되어 있음을 읊고 있습니다. 그러나 소납은 무문 선사와는 다른 차원에서 '똥 젓는 막대기' 공안에 관하여 이렇게 말하겠습니다.

꽃을 비롯한 모든 식물은 완전하다.
돼지를 위시한 모든 동물도 부족함이 없다.
심지어 똥 속의 구더기도 모자람이 없거늘
어찌 사람의 본성이 완벽하지 않겠는가.

(5) 칠불통계게(七佛通戒偈)의 자정기의(自淨其意)

『전등록』「제4권」에는 다음과 같은 일화가 서술되어 있습니다. 중국 당(唐)나라 때 도림(道林)이라는 선사(禪師)가 있었습니다. 선사가 거주하고 있던 진망산(秦望山)은 수목이 울창하여 잎이 일산(日傘)처럼 비나 이슬을 막아주고 있었기 때문에, 도림 선사는 그

나무 위에서 좌선(坐禪)을 했습니다. 그래서 사람들은 도림 스님을 조과(鳥窠) 선사라고도 불렀습니다. 그런데 그 당시 그 고을의 태수로 있던, 저 유명한 백락천(白樂天)이라는 유학자가 어느 날 선사가 머물고 있는 산사를 방문했습니다.

그때 소문대로 도림 선사는 나무 위에서 좌선을 하고 있었고, 백락천은 나무 아래서 멀리 나무 위의 선사를 불렀습니다. "아, 위험하다, 위험해!"

나무 밑에서 들려오는 그 말에 선사는 아래를 굽어보며 태수에게 대답했습니다. "아, 위험하다, 위험해!"

그러자 백락천은 의아해 하며 다시 반문했습니다. "이 사람은 진강산(鎭江山)에 서 있는데 무엇이 위험하다는 말씀입니까?"

선사가 다시 말했습니다. "장작과 불이 서로 교차하여 식성(識性)이 쉬지 않으니, 어찌 위험하지 않으리오."

그러한 문답이 있고 난 후에 자리를 함께 한 백락천은 도림 선사에게 물었습니다. "불법(佛法)의 근본 뜻이 무엇입니까?"

그러자 도림 선사가 대답했습니다. "일체의 악함을 짓지 않고 온갖 선함을 받들어 행하는 것입니다[諸惡莫作 衆善奉行]."

선사의 이 말에 백락천은 "그러한 것이라면 세 살 먹은 어린애라도 알고 있는 것이 아닌가?"라고 힐문했고, 선사는 "세 살 먹은 어린애도 알고는 있지만, 80살 먹은 노인도 그것을 다 행하기는 어렵다."라고 답했습니다.

그런데 여기에서 무엇보다 먼저 생각해 보고 싶은 것이 있습니다. 백락천으로부터 "불법의 근본 뜻이 무엇이냐?"는 질문을 받고 조과도림 선사가 대답한 "일체의 악함을 짓지 않고 온갖 선함을 받들어 행하는 것"이라는 게송입니다. 『전등록』에는 이렇게 단지 두 구절만 나와 있지만, 이것은 본래 "일체의 악함을 짓지 말고 온갖 선함을 받들어 행하여, 스스로 그 마음을 맑힘이 바로 모든 부처님의 가르침이다[諸惡莫作 衆善奉行 自淨其義 是諸佛敎]."라는 게송의 전반부입니다.

이 게송을 보통 칠불통계게(七佛通戒偈)라고 부르는데, 여기서 칠불이란 과거의 일곱 부처님을 이르는 말입니다. 석가모니 부처님은 스스로 도달하신 정각(正覺)의 경지가 단지 자기만이 처음으로 얻은 것이 아니고, 과거에 출세하신 모든 부처님도 자신이 얻은 것과 같은 정각의 진실을 얻었다고 하는 신념을 가지고 계셨습니다. 자신이 도달한 정각의 진리인 진실은 사실 부처님이 세상에 나오든 나오지 않든 거기에 상관없이 존재하는 영원의 진실이고, 스스로가 도달한 영원한 진실은 과거에 출세한 모든 부처님도 똑같이 도달하신 경지 그대로라는 것입니다.

이러한 연유에서 칠불통계의 게송인 '제악막작 중선봉행 자정기의 시제불교'라는 말은 과거에 부처님이 출세하셨을 때, 어느 때라도 평등하게 이 가르침의 계(戒)를 설하신다는 전통에 대한 신념의 가르침으로서 옛날부터 전해지고 있었던 것입니다. 이러

진리란 무엇인가?

한 사실은 이 게송이 초기경전인 『법구경(法句經)』과 『장아함경(長阿含經)』에 설해져 있을 뿐만 아니라, 대표적인 대승의 해설서라고 말하는 『대지도론(大智度論)』에서도 인용되어 있는 것에서 잘 알 수가 있습니다.

그런데 문제는 이미 지적한 것처럼, 『전등록』에는 칠불통계의 게송이 앞의 두 구절만 있을 뿐 뒤의 두 구절인 "스스로 그 마음을 맑힘이 바로 모든 부처님의 가르침이다[自淨其意 是諸佛敎]."라는 말이 생략되어 있는 점입니다. 실제로 도림 선사와 백락천의 문답에서 네 구절 전부가 말해졌는지, 혹은 『전등록』의 문장에 나와 있는 것처럼 처음의 두 구절만이 말해졌는지는 지금으로서는 확인할 방법이 없습니다. 여기서 무엇보다 중요한 것은 『전등록』에서 말하고 있는 것처럼, 처음 두 구절만으로 불교의 가르침을 주장하게 되면 불교는 일반적인 도덕률과 다를 것이 없는 교리를 가진 종교가 되고 만다는 사실입니다.

그렇게 되면 백락천이 도림 선사에게 반문한 것처럼, '그 정도라면 세살 먹은 어린아이조차도 알고 있다는 비판'을 면할 수 없을 것입니다. 실제로 그것만으로는 아무리 요약하여 단적으로 표시한 말이라 해도 그것이 불교로서 특별한 성격을 말한 것이라고 할 수는 없는 것입니다. 왜냐하면 불교의 근본이 권선징악(勸善懲惡)의 도덕률에 있는 것이 아니기 때문입니다.

『육조단경(六祖壇經)』에 이런 내용이 수록되어 있습니다. 혜능

(慧能) 조사가 5조 홍인(五祖弘忍) 대사로부터 의발(衣鉢)을 받고 남쪽으로 내려가는 중 대유령(大庾嶺)을 넘게 됩니다. 그때 혜명(惠明)이라는 승려가 쫓아와 의발을 빼앗으려고 합니다. 그러자 혜능 조사는 의발을 바위 위에 올려놓고, "이 옷은 믿음의 표시이거니 어찌 힘으로 다툴까 보냐?" 하면서 수풀 속에 숨습니다. 혜명이 달려와 그 의발을 가지려 했으나 움직이지 않으니, 마침내 겁이 난 혜명이 말합니다.

"행자님, 행자님. 저는 법을 위하여 왔습니다. 의발 때문에 온 것이 아닙니다."
혜명이 법을 청하자, 혜능 조사가 말했다.
"그대가 이미 법을 위하여 왔을진대, 이제 모든 반연을 다 쉬고 한 생각도 내지 마라. 너를 위하여 말하리라. 선(善)도 생각하지 않고 악(惡)도 생각하지 않는 바로 이러한 때, 어떤 것이 혜명 스님의 본래면목인고?"
이 말씀 아래서 혜명은 크게 깨달았다.

의발을 빼앗기 위하여 달려온 악한 마음과 법을 청하는 선한 마음, 그 모두를 쉬어 한 마음도 내지 않았을 때 불법의 본래면목인 마음의 본성이 드러난 것입니다. 이처럼 불법이 비록 선을 지향하고 악을 없애는 데 지향점을 두고 있는 것도 사실이지만, 이

진리란 무엇인가?

것은 한 부분에 지나지 않습니다. 이와 같은 이치는 칠불통계게에 있어서도 마찬가집니다. 즉 뒷부분인 '스스로 그 마음을 맑힌다.'라는 이 구절이야말로 부처님이 당신의 깨달음의 내용을 '심히 깊어서 사유로써 알 수 없는 아누다라삼먁삼보리'라고 했을 때의 그 아누다라삼먁삼보리를 실천하는 것이고, 따라서 이것이 부처님의 가르침을 실천하는 근본요령인 것입니다. 그러면 부처님의 깨달은 내용인 심히 깊은 아누다라삼먁삼보리의 실천을 보이는 그 '스스로 그 마음을 맑힌다.'라는 말의 의미는 도대체 어떤 것일까요?

  '스스로 그 마음을 맑힌다.'라는 말은 보통 일반적으로는 우리들의 마음은 본래는 깨끗한 것이지만, 그것이 번뇌의 악심에 의해서 더럽혀져 있기 때문에 그 '더러움을 맑히고, 더러움을 털어 맑아지면 마음은 청정하다.'라고 생각합니다. 그러나 본래 청정한 마음이 더럽혀질 수는 없습니다. 왜냐하면 본성은 변할 수 없는 것이기 때문입니다. 만약 본성 속에 청정과 더러움이 같이 있어서 더러움을 제거한 후에 청정이 드러난다면 그것은 본래청정이 아닙니다. 이렇게 보면 '스스로 그 마음을 맑힌다.'라는 말은 '본래 청정한 그 마음을 그대로 내어 쓴다.'는 의미가 됩니다. 어떤 종류의 먼지를 털어내고 난 뒤에 맑아진 마음을 쓴다는 것이 아니라 본래 맑아져 있는 그 마음을 쓴다는 것입니다.

(6) 인간무죄(人間無罪)의 선언

『반야심경』에는 공(空)의 의미의 한 가지로 '더럽지도 않고 깨끗하지도 않다[不垢不淨].'라는 말이 있습니다. 산스끄리뜨본(本)에서는 이 부분이 '더럽혀진 것도 아니고 더러움을 여읜 것도 아니다.'라고 되어 있는데, 그 의미는 한역(漢譯)의 불구부정과 차이가 없습니다. 즉 인간의 본래 성품은 '더럽지도 않고 깨끗하지도 않다.'는 말입니다.

그렇다면 인간의 본성이 더럽지도 않고 깨끗하지도 않다는 말은 무슨 뜻일까요? 이것은 인간의 본성이 지니고 있는 청정성(淸淨性)을 말합니다. 그러나 여기서 말하는 청정이란 칠불통계게의 자정기의와 마찬가지로 더러움의 반대개념인 깨끗함을 말하는 것은 아닙니다. 인간의 본성이 청정하다는 것은 더럽고 깨끗하다는 상대적인 입장에 선 깨끗함이 아닙니다. 인간의 본성은 때 묻을 수 없고 물들 수 없으며 더러워질 수 없다는 것입니다. 영원한 청정 자체이므로 다시 깨끗해질 수 있는 어떤 것이 아니라는 말입니다.

그렇다면 이렇게 인간의 본성이 본래 청정하다는 것은 우리들의 삶과 어떠한 연관을 가지고 있는 것일까요? 사람들은 눈에 보이는 사물을 구별할 때 상대적인 입장에서 그 깨끗함과 더러움을 판단하지만, 이러한 상식적인 가치판단은 비단 외형적인 사물에만 국한되는 것은 아닙니다. 우리들이 사람을 판단할 때, 비록 눈에는 보이지 않지만 그 사람이 가지고 있는 인품이라든가 학력이라든가 혹은 가문으로 평가하는 것은 흔히 있는 일입니다. 그래서 자기도 모르는 사이에 다른 사람의 가치를 그 출신 성분이나 사회적 신분으로 규정해 버리는 일이 생겨납니다.

그러나 인간이 태어나면서부터 청정하고 태어나면서부터 더럽혀져 있다고 하는 것은 있을 수 없습니다. 이러한 입장에서 '더럽지도 않다'라는 말을 다시 보면, 이것은 '태어나면부터 더럽혀져 있다'라는 것을 부정하는 것이라고 할 수 있습니다. 자신은 최상의 혈통을 지닌 가문이다, 다른 가문은 열등하다, 우리 가문만이 청정하고 다른 가문은 그렇지 않다고 자기의 출생을 뽐내고 다른 가문을 경멸합니다. 이 태어나면서부터 청정하고 태어나면서부터 더럽혀져 있다고 하는 것이 계급적 편견입니다. 이것을 부정하는 것이 '더럽지도 않다'라는 말입니다. 따라서 이 '더럽지도 않다'는 것 가운데는 '깨끗하지도 않다' 즉 '태어나면서부터 청정하지 않다'라고 하는 의미도 포함되어 있다고 할 수 있습니다.

이것이야말로 영원한 인간무죄(人間無罪)의 선언입니다. 인간 본분, 진실 면목은 실로 죄 짓고 싶어도 죄지을 수 없는 청정 자체입니다. 규정할 자가 없는 자존자(自存者)입니다. 그는 영원한 자유 자재자입니다. 이 청정 자재자가 인간의 본래 면목입니다. 이것을 깨달으면 일체의 고뇌에서 벗어날 수 있습니다. 인간에게 있어서

죄의식·부정(不淨)의식이 괴로움을 부릅니다. 무죄의식·무부정의
식도 마찬가지로 자유를 속박합니다. 본래로 청정한 본래 면목의
실상(實相)을 요달(了達)할 때 비로소 무량청정은 강물처럼 넘쳐
나오는 것입니다.

운문 선사가 부처라고 대답한 '똥 젓는 막대기[간시궐]'에는 인간
은 본래 죄가 없다는 인간무죄의 선언이 자리 잡고 있습니다. 참
성품밖에 다른 것은 없습니다. 있는 것은 그것뿐인데 우리가 모두
'죄, 죄, 죄' 하고 다들 죄에 걸려서 사는 것뿐입니다. 어떤 곳에서
는 모든 사람들을 죄인이라고 말하고 그런 주장을 합니다. 그러다
보니 여기에 죄의식 같은 것이 있으면 바로 자기처벌 의식이 생겨
서 자신이 잘못했으니 어떤 벌을 받아야 한다거나 고통이 따르는
것은 당연하다거나 하여 결벽증이 있는 사람은 더욱 심합니다. 하
지만 원래 죄인은 없습니다. 누구든지 죄가 없는 청정한 사람이고
누구든지 때 묻을 수 없는 진실 청정 그것이 본래 생명입니다.

마조(馬祖) 선사의 '이 마음이 곧 부처이다[卽心卽佛]'

(1) 조사선을 확립한 마조 선사

중국 당나라 시대의 선(禪)에서 조사선(祖師禪)의 기조(基調)를

진리란 무엇인가?

확립한 어른이 마조도일(馬祖道一; 709~788) 선사입니다. 마조 선사
는 한주(漢州) 십방현(什方縣)에서 태어났고 성(姓)이 마(馬)씨였기
때문에 마조라고 부르게 되었습니다. 어린 나이에 그 마을에 있
는 나한사에서 출가하여 원율사(圓律師)에게 구족계를 받았고 뒤
에 남악회양(南嶽懷讓; 677~744) 선사의 법을 이었는데, 마조 선사
의 오도(悟道)에 관해서 『마조록』에 이렇게 서술하고 있습니다.

> 당(唐) 개원(開元: 713~742) 연주에 형악의 반야사 전법원(傳法
> 院)에서 선정을 닦던 중 회양 선사를 만났는데, 회양 선사는
> 마조 스님의 근기를 알아보고 물으셨다.
> "대덕(大德)은 좌선하여 무엇을 하려 하시오?"
> "부처가 되고자 합니다."
> 회양 선사는 암자 앞에서 벽돌 하나를 집어다 갈기 시작했다.
> 그러자 마조 스님이 여쭈었다.
> "벽돌을 갈아서 무엇을 하시렵니까?"
> "거울을 만들려고 하네."
> "벽돌을 간다고 어찌 거울이 되겠습니까?"
> "벽돌을 갈아서 거울을 만들지 못한다면 좌선을 한들 어떻게
> 부처가 될 수 있겠는가?"
> "그러면 어찌해야 되겠습니까?"
> "소 수레에 멍에를 채워 수레가 가지 않으면 수레를 쳐야 옳겠

는가, 소를 때려야 옳겠는가?"

스님이 대꾸가 없자 회양 선사가 다시 말씀하셨다.

"그대는 앉아서 좌선을 배우느냐? 앉은 부처를 배우느냐? 좌선을 배운다고? 선(禪)은 앉거나 눕는 데 있지 않으며, 앉은 부처[坐佛]를 배운다고 하면 부처님은 어떤 모습도 아니다. 머묾 없는 법에서는 응당 버리거나 취하지 않아야만 한다. 그대가 앉은 부처를 구한다면 부처를 죽이는 것이며, 앉은 부처에 집착한다면 그 이치를 깨닫지 못한 것이다."

가르침을 듣자, 마조 선사는 마치 제호(醍醐)를 마신 듯하여 절하고 여쭈었다.

"어떻게 마음을 써야만 모습 없는 삼매[無相三昧]에 부합하겠습니까?"

"그대가 심지법문(心地法門)을 배우면 씨앗을 뿌림과 같고, 법요(法要)를 설함은 저 하늘이 비를 내려 적셔주는 것과 같다. 그대의 인연이 맞았기 때문에 마침 도를 보게 된 것이다."

다시 여쭈었다.

"도가 모습[色相]이 아니라면 어떻게 볼 수 있겠습니까?"

"심지법안(心地法眼)으로 도를 볼 수 있으니, 모습 없는 삼매도 그러하다."

"거기에 생성과 파괴가 있습니까?"

"생성과 파괴, 모임과 흩어짐으로 도를 보는 자는 도를 보는

진리란 무엇인가?

것이 아니다. 나의 게송을 들거라."

심지는 모든 종자를 머금어
촉촉한 비를 만나면 어김없이 싹튼다.
삼매의 꽃은 모습 없는데
무엇이 파괴되고 또 무엇이 이루어지랴.

마조 선사가 회양 선사 덕분에 깨침을 얻어 마음이 초연하였
으며, 10년을 시봉하면서 그 경지가 날로 더하였다.

마조 선사가 깨달음을 얻은 이후에 설한 법문은 그 전까지의
불교와는 차원이 완전히 달랐습니다. 그것은 달마 조사가 중국
에 와서 새롭게 창시하고 혜능 조사가 선불교로 확립한 불교였
고, 거기에 간화선(看話禪)이라는 조사선을 확립하여 천하 사람들
을 선불교로 인도했습니다. 선사의 입실제자(入室弟子)는 139명인
데 각자가 한 곳의 선지식이 되어 선불교의 교화를 폈습니다. 선
사는 정원(貞元) 4년(788) 2월 1일에 목욕하고 가부좌한 채 입적
하셨습니다.

(2) 대매법상(大梅法常) 선사의 깨달음

『무문관』「제30칙」의 내용은 아래와 같습니다.

마조 선사에게 법상 선사가 물었다
"어떤 것이 부처입니까[如何是佛]?"
마조 선사가 말했다. "이 마음이 곧 부처이다[卽心卽佛]."

중국 당대(唐代) 선의 경우, 마조 선사의 "마음 밖에 따로 부처
가 없고, 부처 밖에 따로 마음이 없다."라는 법문이 "이 마음이 그
대로 부처이다[卽心是佛]."라는 가르침으로 변혁되어서 선문(禪門)
의 가장 기본적인 정의가 됩니다. 따라서 마조 선사의 이 즉심즉
불의 법문을 듣고 깨달음을 얻기 위해서 많은 납자(衲子)들이 마
조 선사를 찾아옵니다. 그 납자 가운데 한 사람으로 마조 선사의
법을 이은 대매법상(大梅法常) 선사가 있습니다. 마조 선사의 "이
마음이 바로 부처이다."라는 선언을 고찰하기 전에 이 공안의 문
법자(問法者)인 대매법상 선사에 관하여 『전등록』「제7권」을 통해
먼저 살펴보겠습니다.

선사는 어릴 때 형주 옥천사에서 스님이 되었는데, 처음 마조
선사를 뵈올 때 여쭈었습니다.

진리란 무엇인가?

"어떤 것이 부처입니까?"

"이 마음이 곧 부처이니라."

선사는 즉석에서 크게 깨달았습니다. 그리고 당의 정원(貞元) 때에 천태산 근방의 대매산에서 토굴을 짓고 살았습니다. 그때 염관(鹽官) 선사 밑에서 수행하던 어떤 스님이 이 산에 와서 주장자 감을 베다가 길을 잃고 토굴에까지 와서 법상 선사를 만나게 되었는데, 그 스님이 소문을 내서 마조 선사도 법상 선사의 거처를 알게 되었습니다. 마조 선사는 제자인 법상 스님을 떠보기 위하여 한 스님을 보내서 이렇게 묻게 하였습니다.

"화상께서는 마조 선사를 뵙고 얻은 것이 무엇이기에 여기에 사십니까?"

"마조 선사께서 나에게 이르시기를, '마음이 곧 부처'라 하시기에 나는 여기에 와서 산다."

그 스님이 말했습니다.

"마조 선사가 요사이에는 다시 '마음도 아니고 부처도 아니다 [非心非佛]'라고 설하십니다."

법상 선사가 말했습니다.

"그 늙은이가 사람 속이기를 그칠 날이 없구나. 자기 멋대로 마음도 아니고 부처도 아니라 하나, 나는 나대로 마음이 곧 부처라 하리라."고 했습니다.

그 스님이 돌아와 마조 선사에게 이 사실을 말하니, 마조 선사가 듣고 말씀하셨습니다.

"대중이여, 매실[梅子=법상]이 잘 익었구나."

이로부터 대중이 차츰 늘어서 법상 스님의 도가 더욱 드러났습니다. 어느 날 대중에게 "오는 이는 막지 말고 가는 이를 쫓지 말라. 이 물건 그대로이다. 딴 물건이 아니다. 그대들 모두가 잘 보호해 가지라. 나는 떠난다."라는 말을 남기고 떠나니 나이는 88세요, 법랍은 69세였습니다.

『무문관』「제30칙」은 위에서 살펴본 『전등록』 등에서 전하고 있는 내용이지만, 마조 선사가 요사이에는 다시 "마음도 아니고 부처도 아니다[非心非佛]."라고 설한다는 말을 들은 법상 선사가 "자기 멋대로 마음도 아니고 부처도 아니라 하나, 나는 나대로 마음이 곧 부처라 하리라."라고 대꾸했다는 말을 들은 마조 선사는 법상 선사를 인가(印可)했습니다. 그리고 마조 선사가 요사이에는 "마음도 아니고 부처도 아니다[非心非佛]."라고 설한다는 말 역시 『무문관』「제33칙」에서 '어떤 것이 부처입니까?'라는 어떤 스님의 질문의 대답으로 설시하고 있습니다.

『전등록』에서의 법상 선사에 관한 기록은 비교적 간단하게 서술하고 있지만, 선사가 방거사(龐居士; ?~808)와 대화한 내용이 『방거사어록』에는 아래와 같이 설시되어 있습니다.

진리란 무엇인가?

거사가 대매 선사(大梅禪師)를 방문해서 서로 보자마자, 스님에게 물었다.

"오랫동안 대매(大梅)를 동경해 왔습니다만, 매실(梅實)은 잘 익었습니까?"

"자네, 어디부터 입을 대겠는가?"

"백잡쇄(百雜碎)."

그러자 대매 스님이 손을 뻗쳐서 말했다.

"나에게 씨앗을 돌려주게."

법상 선사에게 방 거사가 "매실(梅實)은 잘 익었습니까?"라고 단도직입적으로 질문한 것은 앞의 법상 선사의 약전에서 마조 선사가 언급한 '매실이 익었다'라는 인증(印證)의 말을 들어서 알고 있는 상황에서 한 말입니다. 마조 선사는 인정했다고 하지만, 과연 말 그대로인가 아닌가, 자신의 눈으로 확인해 보겠다는 방 거사의 검문(檢問)입니다. 여기에 법상 선사의 "어디부터 입을 대겠는가?"라는 반문에는 법상 선사의 깨달음의 원숙한 경지가 그대로 드러나 있기 때문에 새삼스럽게 스스로 '익었다'고 대답할 필요는 없었을 것입니다.

(3) 『마조록』 「시중(示衆)」의 첫 법문[I]

"어떤 것이 부처입니까?"라는 법상 선사의 물음에 마조 선사는 "이 마음이 곧 부처이다[卽心卽佛]."라고 대답했습니다. 그리고 마조 선사의 이 가르침은 중국 선불교를 특징짓는 가장 중요한 말이 되었고, 이것은 오늘날 한국의 선불교에서도 생생하게 살아서 불교의 대표적인 교리가 되어 있습니다. 그러나 '자신의 마음이 부처'라는 이 말을 믿는다는 것은 그렇게 쉬운 일이 아닙니다.

왜냐하면 대부분의 사람들(출가하여 수행하는 승려들을 포함하여)은 부처님을 외부의 어떤 불가사의(不可思議)한 힘을 지닌 존재일 것이라는 막연한 생각들을 가지고 있기 때문입니다. 물론 법상 선사가 마조 선사의 "이 마음이 곧 부처이다."라는 언구 아래 눈이 열려 깨달음을 얻는 것처럼, 그런 경우가 전혀 없는 것은 아니지만 쉽게 믿을 수 있는 일은 아닙니다.

『마조록(馬祖錄)』의 「시중(示衆)」에는 마조 선사의 많은 법문들이 기록되어 있는데, 그 가운데 첫 법문이 아래와 같습니다. 실제로 마조 선사의 첫 법문인지 아니면 편집자의 의도인지는 모르겠지만 즉심즉불(卽心卽佛)이라는 말의 믿기 어려운 점을 은연중에 말하고 있다는 생각이 듭니다. 이 「시중」의 법문을 통하여 "이 마음이 곧 부처이다."라는 마조 선사의 말씀의 의미를 살펴보겠습니다.

진리란 무엇인가?

"그대들 납자(衲子)여, 각자 자기 마음이 부처임을 믿도록 하라. 이 마음이 바로 부처이다. 달마 대사가 남천축국에서 중국에 와 상승(上乘)인 일심법(一心法)을 전하여 그대들을 깨닫게 했다. 그리고는『능가경』을 인용하여 중생의 마음바탕을 확인[印]해 주셨으니, 그대들이 완전히 잘못 알아 이 일심법이 각자에게 있음을 믿지 않을까 염려하였던 것이다.

그러므로『능가경』에서는 '부처님 말씀은 마음[心]으로 종(宗)을 삼고, 방편 없음[無門]으로 방편[法門]을 삼는다. 그러므로 법을 구하는 이는 구하는 바가 있어서는 안 된다. 마음 밖에 따로 부처가 없고, 부처 밖에 따로 마음이 없기 때문이다.'라고 하셨다."

이 부분에서 마조 선사는 '즉심즉불'의 교리적인 근거로서『능가경(楞伽經)』의 "마음 밖에 따로 부처가 없고, 부처 밖에 따로 마음이 없다."라는 법문을 인용하고 있는데, 이 말은 곧 마조 선사의 "이 마음이 곧 부처이다."라는 대답은『능가경』에서 설하고 있는 내용이 근거임을 명확히 하고 있습니다. 또한『능가경』에서 설하고 있는 이 믿음은 멀리 달마 조사로부터 시작된 것이지, 자신이 독자적으로 깨달음을 얻어서 증득한 사상만은 아니라는 사실을 분명히 하고 있습니다[이「시중」의 나머지 부분의 해설은 다음 항인 마조 선사의 "마음도 아니고 부처도 아니다(非心非佛)."라는 곳에서 하겠습니다.].

(4) 무문 선사의 평과 송

"이 마음이 곧 부처이다."라는 마조 선사의 법문에 무문 선사는 아래와 같이 평(評)하고 있습니다.

> "만약 마조의 설법을 듣고 곧바로 깨달아 체득하기만 한다면 그는 부처의 옷을 입고, 부처의 밥을 먹으며, 부처의 말을 하고 부처의 행동을 하리니 그가 곧 부처이다. 그렇다 하더라도 대매법상은 여러 사람을 이끌어 저울 눈금[定盤星]을 잘못 읽게 했다. 어찌 알았으리오. 부처를 말했다면 사흘 동안 입을 씻어야 하는 것을. 영리한 사람이라면 '이 마음이 곧 부처.'라는 따위의 소리가 들리면 귀를 막고 멀리 달아난다."

무문 선사는 "만약 마조 선사의 '마음이 부처'라는 법문을 듣고 대매법상 선사처럼 곧바로 깨달아 체득하기만 한다면 그는 부처의 옷을 입고, 부처의 밥을 먹으며, 부처의 말을 하고 부처의 행동을 하리니 그가 곧 부처이다."라고 말하고 있습니다. 여기 무문 선사의 말에서 우리들은 놀라운 사실 하나를 발견하게 됩니다. 마조 선사의 법문을 듣고 깨달음을 얻은 법상 선사를 '그가 곧 부처이다.'라고 단정적으로 말하고 있는 부분입니다.

달마 조사와 혜능 조사를 거쳐 마조 선사에 의해서 조사선(祖

師禪)으로 정착된 중국의 불교는 견성(見性)을 위한 선불교로 방향 전환을 하게 됩니다. 이 선불교의 요지는 문자를 비롯한 교 밖에 따로 전하고[教外別傳] 문자를 세우지 않으며[不立文字] 사람의 마음을 바로 가리켜[直指人心] 성품을 보아 부처를 이룬다[見性成佛]는 것입니다.

그런데 여기서 문제가 되는 것이 마지막 구절인 견성성불(見性成佛)이라는 말의 해석입니다. 성품을 보고[見性] 그 뒤에 부처를 이루는가[成佛], 아니면 견성이 바로 성불인가 하는 논쟁입니다. 그렇지만 「유통본」『육조단경』에서 "노행자가 5조 홍인 선사로부터 『금강경』 강설을 듣던 중, 경의 '응무소주이생기심'에서 본성(本性)을 깨쳤음을 아신 5조께서는 노행자를 '장부(丈夫)·천인사(天人師)·불(佛)'이라 하시면서 돈교(頓教)의 의발(衣鉢)을 전하여 6대 조로 삼았다."라는 대목이 있습니다. 또한 「돈황본」『육조단경』에는 "부처의 행을 하는 이가 곧 부처님이다[卽佛行 是佛]."라는 혜능 조사의 말씀도 설시되어 있습니다. 무문 선사는 법상 선사가 형식적으로 부처님을 모방한 것이 아니라 진실로 부처님의 경지에서 부처님 행을 한 것이라고 평하고 있는 것입니다.

정반성(定盤星)은 천칭 저울의 중앙막대의 기점에 있는 별을 말하는데, 이 별 표시는 물건의 무게를 달고 저울질하는 천칭 저울에서 무게의 경중(輕重)과는 전혀 관계없는 중앙을 표시하는 장식품에 불과한 것입니다. 때문에 '여러 사람을 이끌어 저울 눈금

[定盤星]을 잘못 읽게 했다.'라는 말은 사람들에게 쓸데없이 즉심시불이라는 언어문자에 집착하게 하는 착오를 일으키고 있다는 뜻입니다.

'부처를 말했다면 사흘 동안 입을 씻어야 하는 것'이란 『벽암록』 「제2칙」 「수시」에서 "이 부처라는 글자를 말하는 것은 진흙탕물을 뒤집어 쓴 것"이라고 말하고 있듯이 '부처'라는 말을 들었으니 3일 간 입에 양치질을 하지 않으면 안 된다는 평입니다. '마음이 곧 부처'라는 사실을 철저히 깨달으면 되었지, 부처를 외부에서 구하는 어리석음을 범하지 말라는 뜻입니다. 그래서 만약에 영리한 사람이라면 마조 선사의 '이 마음이 곧 부처'라는 따위의 소리가 들리면 귀를 막고 멀리 달아났을 것이라는 말입니다.

'이 마음이 곧 부처'라는 마조 선사의 법문에 무문 선사는 게송으로 이렇게 읊고 있습니다.

푸른 하늘 아래 밝은 태양[靑天白日]
절대 뭘 찾아 나서지 말라[切忌尋覓].
그런데도 다시 부처가 무어냐고 묻는가[更問如何]?
훔친 물건 주머니에 넣고 결백하다고 우기는 것[抱贓叫屈].

마조 선사가 '이 마음이 곧 부처'라고 설한 이 말씀은 푸른 하늘 아래 밝은 태양처럼, 누구나 알 수 있는 훤히 드러난 자명한 사실이라는 것입니다. 그럼에도 불구하고 중생들은 부처가 자신의 마음인 줄 모르고 밖을 향해서 찾고 있습니다. 마음 밖을 향하여 부처를 찾아서는 결코 찾을 수 없습니다. 황벽희운(黃檗希運; ?~850?) 선사의 『전심법요(傳心法要)』에서는 다음과 같이 설하고 있습니다.

> "부처와 중생, 일심에 있어 다르지 않다. 마치 허공이 섞이거나 무너지지 않는 것과 같으며, 태양이 떠올라 천하를 밝게 비추지만 허공이 밝아진 것도 아니고, 해가 저문 뒤에도 어둠이 천지를 뒤덮지만 허공은 어두워지지 않는 것과 같다. 밝고 어두운 경계는 교차되며 변화하지만, 허공의 본성은 변화가 없다. 부처와 중생, 마음이 이와 같다."

부처와 중생, 마음이 허공의 본성처럼 똑같은데도 또다시 '부처란 무엇인가?'라고 묻는다면 그것은 도둑놈이 훔친 물건을 끌어안고 무죄(無罪)라고 주장하는 꼴과 같다고 무문 선사는 읊고 있습니다.

『전등록』「제8권」에는 마조 선사의 법을 이은 분주무업(汾州無業; 762~823) 선사의 오도(悟道)에 관하여 이렇게 기술하고 있습니다.

> 스님은 이미 불교학의 대가였다. 이른바 강경승(講經僧)이다.

전하는 바에 의하면, 그는 9세에 개원사에 들어가 지본 스님에게 대승경을 배웠는데 경전을 다섯 줄씩 묵독하지만, 일단 입으로 나오면 한 자도 틀리지 않고 암송할 수 있는 수재였다. 경학 수학을 마치고 바로 대중스님들을 위하여 『대반열반경』을 강의하였다.

마조 선사를 찾아간 것은 '이 마음이 곧 부처이다[卽心卽佛].'라는 단순명쾌한 새로운 가르침이 너무나도 무조건적이어서 그의 마음에 들지 않았기 때문이었다. 그의 체구는 당당하고 걸으면 바람을 일으켰으며 음성은 종소리와 같았다. 이를 보고 마조 선사가 말했다.

"우람한 체구 안에 부처는 없구나."

무업 스님이 절을 하고 꿇어앉아 물었습니다.

"삼승(三乘)의 문학에 대해서 그 요지를 거의 마쳤습니다. 전부터 선문에서 즉심즉불을 가르쳐 오고 있다는데 잘 납득이 가지 않습니다."

"다른 것이 아니다. 아직까지 납득이 가지 않는 그 마음이 부처다. 그 밖에 아무 것도 없다."

"어떤 것이 조사께서 서쪽에서 오셔서 비밀스럽게 전한 심인(心印)입니까?"

"대덕의 마음이 지금 매우 소란하니 갔다가 다음날에 오라."

무업 선사는 선(禪)의 초조인 달마 조사가 인도에서 와서 은밀히 전했다고 하는 것[祖師西來 密傳心印]'을 마조의 '즉심즉불'로 생각하고 그 가르침이란 어떤 것인지 근거를 보여 달라고 말하는 것입니다. 마조 선사의 대답은 이미 나왔습니다. 다만 무업 스님이 그것을 알아차리지 못했을 뿐입니다. 그래서 마조 선사가 말합니다.

"그대는 너무나 서두르는군. 우선 돌아가기 바라네. 이야기는 나중에 하세."

무업 스님이 물러나려고 몸을 돌리는데 마조 선사가 불렀습니다. "대덕이여."

무업 스님이 머리를 돌리니 마조 선사가 말했습니다.

"이것이 무엇인가?"

무업 스님이 깨닫고 절을 하니 마조 선사가 또 나무랐습니다.

"이 둔한 사람아. 절은 해서 무얼 하겠는가."

무업 스님이 뒤로 물러나려고 합니다. 그 순간 마조 선사가 "이보게."라고 부릅니다. 무업 스님은 뒤돌아봅니다.

"뒤돌아보는 것은 무엇인가?"

"무엇이 뒤를 돌아보는 것인가?"

이것이 마조 선사가 직시한 '조사가 서쪽에서 와서 비밀스럽게 전한 심인'이고 동시에 마조 선사의 표현으로는 '즉심즉불'이었던 것입니다. 무업 스님은 마조 선사의 한마디 말 아래서 깨달음을 얻었습니다. 예배가 그 근거입니다. 그러나 보지 못하고 있었기 때문에 깨닫는 것입니다. 본래 온전하다면 새삼스럽게 깨달을 것도 없습니다. '이 둔한 놈, 바보 같은 놈, 이제 와서 깨달아 무슨 소용이랴.'라고 하는 말이 마조 선사의 총괄(總括)입니다.

무업 선사는 선종사(禪宗史)에 대한 풍부한 지식을 갖고 있었습니다. "삼승의 문학에 대해서 그 요지를 거의 마쳤다."라는 말이 그 점을 표현하고 있습니다. 때문에 마조 선사는 "그대는 잘 알고 있다. 모르는 것이 없다. 당분간 물러가 쉬는 것이 좋다."고 하는 것으로 이미 대답을 하고 있습니다.

불법(佛法)은 단순한 교리의 문제[佛敎]가 아닙니다. 불교에 관하여 많이 알고 있다고 해서 해결되는 종교가 아닙니다. 그렇다고 교리적인 이해 없이 도(道)를 이룬다는 말도 성립할 수 없습니다. 무업 선사가 깨달음을 얻는 과정이 이것을 증명하고 있습니다. 무문 선사 역시 "푸른 하늘 아래 밝은 태양, 절대 뭘 찾아 나서지 말라. 그런데도 다시 부처가 무어냐고 묻는가. 이는 훔친 물건 주머니에 넣고 결백하다고 우기는 것이다."라고 마조 선사의 '즉심즉불'에 대하여 노래하고 있습니다.

진리란 무엇인가?

마조(馬祖) 선사의 '마음도 아니고 부처도 아니다 [非心非佛]'

(1) 즉심즉불(卽心卽佛)과 비심비불(非心非佛)

『무문관』「제33칙」의 내용은 아래와 같습니다.

> 마조 선사에게 어떤 스님이 물었다
> "어떤 것이 부처입니까[如何是佛]?"
> 마조 선사가 말했다.
> "마음도 아니고 부처도 아니다[非心非佛]."

앞 항에서 『전등록』「제7권」의 대매법상 선사의 약전을 통하여 "마조 선사가 요사이에는 다시 '마음도 아니고 부처도 아니다[非心非佛]'라고 설하신다."라는 말을 들은 법상 선사가 "그 늙은이가 사람 속이기를 그칠 날이 없구나. 자기 멋대로 '마음도 아니고 부처도 아니라'고 하나, 나는 나대로 '마음이 곧 부처'라 하리라."라고 말했다는 것을 살펴보았습니다. 『무문관』「제33칙」은 무문 선사가 바로 이 부분을 하나의 공안으로 설정한 것으로 보입니다. 그렇기 때문에 이 공안은 『무문관』「제30칙」의 "이 마음이 곧 부처이다[卽心卽佛]."라는 말과 대조를 이루면서 인구에 회자(膾炙)

되기도 합니다. 즉 "무엇이 부처입니까?"라는 똑같은 질문에 마조 선사는 "이 마음이 곧 부처이다."라는 말과 정 반대가 되는 "마음도 아니고 부처도 아니다[非心非佛]."라는 대답을 하셨기 때문에 공부를 하는 사람들은 많은 어려움을 느끼게 됩니다. 여하튼 "마음도 아니고 부처도 아니다."라는 공안에 대하여 무문 선사는 먼저 이렇게 평하고 있습니다.

이 속에서 보는 바가 있다면 공부를 마쳤다.

마조 선사의 "이 마음이 곧 부처이다."라는 말과 "마음도 아니고 부처도 아니다."라는 대답은 선종사(禪宗史)에 많은 논란과 시비(是非)를 낳았습니다. 이러한 논란 가운데 가장 간단한 것이 무문 선사의 이 "이 속에서 보는 바가 있다면 공부를 마쳤다."라는 평(評)일 겁니다. 그러나 학문적으로 따지기를 즐기는 사람들은 여기에 많은 말을 붙이곤 합니다. 『종경록(宗鏡錄)』「제25권」에서는 이렇게 주장하고 있습니다.

"'이 마음이 곧 부처이다.'라는 주장은 서천과 동토의 조사들이 한결같이 설한 말이다. 이사(理事)가 분명하기 때문에 똑같은 안목으로 사물을 보는 것과 같다. 그런데 또 '마음도 아니고 부처도 아니다.'라고 설하는가?"

진리란 무엇인가?

"즉심시불은 겉으로 표현[表詮]한 말이다. 곧바로 그 본분의 일[生死大事]을 표시하여 마음으로 직접 체득하여 견성하도록 한 것이다. 비심비불은 밖으로 드러내지 않는 말[遮詮]이다. 즉 과오를 보호하고 그릇됨을 막으며 의심을 제거하고, 집착을 타파하기 때문에 비심비불이라고 한 것이다."

"마음도 아니고 부처도 아니다."라는 마조 선사의 법문에 무문 선사는 게송으로 이렇게 읊고 있습니다.

길에서 검객을 만나면 칼을 바쳐라[路逢劍客須呈].
시인이 아니거든 시를 바치지 마라[不遇詩人莫獻].
사람을 만나면 3할만 설할 것이지[逢人且說三分],
전체를 내다보여서는 안 된다[未可全施一片].

"길에서 검객을 만나면 칼을 바쳐라[路逢劍客須呈]. 시인이 아니거든 시를 바치지 마라[不遇詩人莫獻]."라는 게송은 『임제록(臨濟錄)』「행록 58」에서 봉림(鳳林) 스님이 말한 "길에서 검객을 만나면 칼을 바쳐야 하지만, 시인이 아니면 시를 말하지 마십시오."라는 칠언시(七言詩)를 육언(六言)으로 줄인 것인데, 이 시의 의미는 마음이 통하는 동지가 아니면 이야기가 통하지 않는다는 말입니다. 칼을 전혀 모르는 사람에게 칼을 주면 그 참된 가치를 알지 못하고, 시를 모르는 사람에게 시를 이야기한들 무의미한 일이 되고 만다는 것입니다. 즉 마조 선사가 즉심즉불(即心即佛)과 비심비불(非心非佛)이라고 달리 말한 것은 수행자의 근기에 맞추어서 법문을 한 것이라는 말입니다.

"사람을 만나면 3할만 설할 것이지[逢人且說三分], 전체를 내다보여서는 안 된다[未可全施一片]."라는 말은 원래 진공장(陳孔章)이 위나라 문제(文帝)에게 보고한 군법(軍法)의 말이라고 하는데, 불법(佛法)이나 군법의 작전은 3분의 1정도만 마음을 드러내고 말하라는 의미입니다. 여기서는 마조 선사가 즉심즉불이라고 설할 때는 비심비불의 마음을 감추고, 비심비불을 말할 때는 즉심즉불의 마음을 드러내지 않고 수행자들을 지도한다는 것입니다.

(2) 『마조록』 「시중(示衆)」의 첫 법문[Ⅱ]

앞에서 말한 (5) 마조(馬祖) 선사의 '이 마음이 곧 부처이다[即心即佛]'라는 항목에 있는 『마조록(馬祖錄)』의 「시중(示衆)」의 첫 법문[Ⅰ]에 관하여 필자 나름의 해설을 했습니다. 여기에서는 「시중」 첫 법문의 나머지 한 부분을 소개하고, 이곳을 통하여 마조 선사의 "마음도 아니고 부처도 아니다[非心非佛]."라는 법문에 관하여 소납의 생각을 말씀드리겠습니다. 「시중(示衆)」 첫 법문[Ⅱ]의 내용은 이렇게 되어 있습니다.

"선을 취하지도 말고 악을 버리지도 말라. 더럽고 깨끗한 두 개의 대립에 의존하지 말고, 죄는 본래 공한 것이라고 속속히 알라. 일념도 얻을 것이 없다. 그것 스스로 실체가 없기 때문이다.

그러므로 삼계가 오직 마음일 뿐[三界唯心]이며, 삼라만상은 하나의 진리가 자국을 남긴 것에 지나지 않는다. 우리가 대상화하고 있는 물질은 모두 마음에 지나지 않으며, 마음 역시 마음 스스로 마음이 될 수 있는 것이 아니라, 물질로 인하여 존재하는 것에 지나지 않는다. 그대들이 늘 말하는 현상[卽事]과 본체[卽理] 어느 것에도 걸림이 없으면 깨달음의 성과도 이와 같다. [이하 생략]

"어떤 것이 부처입니까?"라는 법상 선사의 물음에 마조 선사는 "이 마음이 곧 부처이다."라고 대답했고, 다른 어떤 스님의 물음에는 "마음도 아니고 부처도 아니다."라는 180도 다른 답을 했습니다. 이에 대하여 무문 선사는 앞의 송(頌)에서 살펴본 것처럼, "마조 선사가 즉심즉불이라고 설할 때는 비심비불의 마음을 감추고, 비심비불을 말할 때는 즉심즉불의 마음을 드러내지 않고 수행자들을 지도한다는 것"이라고 말하고 있습니다. 그러나 이 말이 논리적으로는 공감을 얻기 어렵다는 생각이 듭니다. 왜냐하면 마조 선사는 「시중」에서 이 논리적인 모순을 해결하고 있기 때문입니다.

마조 선사는 자신의 언어로 "선을 취하지도 말고 악을 버리지도 말라. 더럽고 깨끗한 두 개의 대립에 의존하지 말라."라고 설하고 있습니다. 여기서 "선을 취하지도 말고 악을 버리지도 말라."라는 말은 『육조단경(六祖壇經)』에서 노행자(盧行者)가 말했다는 "선(善)도 생각하지 않고 악(惡)도 생각하지 않는 바로 이러한 때, 어떤 것이 혜명 스님의 본래면목인고?"라는 것과 묘한 대조를 이루고 있어서 혜능 조사의 불교관이라는 선입관을 가질 수도 있다고 생각합니다. 그러나 이 말에 '더럽고 깨끗한 두 개의 대립에 의존하지 말고'라는 말이 함께 있을 경우에는 사정이 달라집니다. 왜냐하면 이 두 문장 속에 『능가경』을 비롯한 고따마 붓다의 깨달음의 핵심이 녹아 있고, 이 속에 "마음도 아니고 부처도 아니다."라고 대답하는 마조 선사의 깨달음에 관한 생각이 드러나기 때문입니다.

(3) 고따마 붓다의 중도 대 선언(中道大宣言)

남전대장경(南傳大藏經) 『율부 3』 「초전법륜」에는 고따마 붓다의 깨달음을 다음과 같이 설하고 있습니다.

그때에 세존(世尊)께서 다섯 비구에게 말씀하셨다.

진리란 무엇인가?

"비구들이여, 세상에 두 변[兩邊]이 있으니 출가자는 가까이하지 말지니라. 무엇을 둘이라 하는가. [첫째는] 여러 욕망을 사랑하여 가지려 하고 탐착하는 일은 하열(下劣)하고 비천(卑賤)하며 범부의 소행이요, 현성(賢聖)이 아니고 의(義)에 상응하지 않는다. [둘째는] 스스로 고뇌하고 번뇌하는 일은 괴로움으로서 현성이 아니고 의에 상응하지 않는다. 비구들이여, 여래는 이 두 변을 버리고 중도(中道)를 바르게 깨달았느니라."

고따마 붓다, 즉 "석가모니 부처님은 무엇을 깨달아서 부처님이 되셨는가?"라는 물음은 2500년이 넘는 동안 수많은 사람들의 화두였습니다. 그렇다고 지금은 이 물음에 대해서 승속을 불문하고 불교학자들 간에 결정된 대답이 도출되었는가? 그렇지는 않은 것 같습니다. 이 문제에 있어서는 아직도 학자들 간에 다른 주장들을 하고 있습니다. 그럼에도 불구하고 소납이 중도(中道)의 발견을 고따마 붓다의 깨달음이라고 주장하는 이유는 위에서 소개한 『율부 3』 「초전법륜(初轉法輪)」의 고따마 붓다의 법문 때문입니다. 물론 북방으로 전해진 『5분율(五分律)』이나 『4분율(四分律)』에도 같은 법문을 설하고 있기 때문에 의심의 여지도 없어 보입니다. 가령 『4분율』에는 이렇게 설시되어 있습니다.

"비구여, 출가자는 두 변을 가까이하지 말 것이니, 즐겨 애욕을 익히거나 혹은 스스로 고행하는 것이다. 현성의 법이 아니며 심신을 피로하게 하여 능히 행할 바가 아니다. 비구여, 이 두 변을 제외하고 나서 다시 중도가 있느니라."

불교학자들은 고따마 붓다의 이 중도의 발견과 말씀을 '중도대선언(中道大宣言)'이라고 합니다. 그렇다면 고따마를 고따마 붓다로 다시 태어나게 한 중도(中道)란 무엇을 말하는 것일까요? 유교(儒敎)에서 말하는 중용(中庸)과는 달리 불교에서 말하는 중도의 가장 기본적인 형태는 있음[有]과 없음[無] 등 상대적인 어떤 두 극단에 집착하지 않는 것입니다. 부처님이 도(道)를 이루고 난 뒤에 비구들에게 최초로 설법한 것이 있는데, 이것을 「초전법륜」이라고 합니다.

이 초전법륜의 가르침에는 여러 가지 중요한 불교의 근본교리가 들어 있는데, 중도설(中道說)도 그 중의 하나입니다. 여기에 등장하는 중도설은 극단적인 두 변에 집착하지 말라는 기본적이고도 간단한 형식에 불과합니다. 그러나 집착하지 말라는 그 두 변은 이론적인 사항이 아니라 수행의 면에서 지켜야 할 실천적인 사항입니다. 이렇게 어느 한 편으로 치우친 상대적인 견해를 말하는 두 변 가운데는 여러 가지가 있습니다. 나가르주나[Nāgārjuna, 용수(龍樹; 150~250)]보살은 『중론(中論)』에서 중도의 의미를 다음과 같이 네 쌍으로 명확하게 정리하고 있습니다.

진리란 무엇인가?

소멸되지도 않고 생기하지도 않으며[不生亦不滅],

단절되지도 않고 항상 되지도 않으며[不常亦不斷],

단일하지도 않고 복수도 아니며[不一亦不異],

오지도 않고 가지도 않는 것[不來亦不出].

나가르주나보살의 이 게송을 팔불게(八不偈)라고 말합니다만, 중도에는 이 네 쌍의 말 외에도 선·악(善惡), 어둡고 밝은 것, 좋고 나쁘고, 밉고 곱고 등 여러 가지가 있습니다. 마조 선사가 말한 "선을 취하지도 말고 악을 버리지도 말라. 더럽고 깨끗한 두 개의 대립에 의존하지 말라."라는 것도 역시 중도를 가리키고 있는 것입니다.

그렇지만 고따마 붓다는 「초전법륜」에서 고(苦)와 낙(樂)을 예로 들고 있습니다. 인용한 율장(律藏)의 법문에 있는 두 변 중 첫 번째는 욕망에 탐착하는 욕락(欲樂), 즉 낙(樂)을 말한 것이고, 두 번째는 고행에 집착하는 괴로움, 즉 고(苦)를 말한 것입니다. 여기서 고와 낙을 예로 든 것은 부처님 당시의 실정에 따라서 말씀하신 것입니다. 즉 그 당시 수행자들의 상당수가 고행을 위주로 하는 고행주의자(苦行主義者)였으며, 부처님을 따라서 최초로 출가한 다섯 비구도 세상의 향락을 버리고 고행을 해야만 해탈할 수 있다는 생각을 고수하였으므로 부처님이 병에 따라 약을 주듯이 고와 낙을 예로 든 것입니다.

출가하여 수행하는 많은 사람들이 세간의 향락을 버릴 줄만 알고 고행하는 괴로움, 이것도 병인 줄 모르고 버리지 못하지만 참으로 해탈하려면 고와 낙을 다 버려야 한다는 것입니다. 나가르주나보살의 팔불게의 경우에는 일체 모든 것[諸法]에 대하여 소멸한다는 생각도 생긴다는 생각도, 없어진다는 생각도 항상 존재한다는 생각도, 오직 하나라는 생각도 여러 개라는 생각도, 온다는 생각도 간다는 생각도 여의고 버려야 한다고 합니다. 그렇게 해서 바로 깨달은 것, 정등각(正等覺)한 내용이 중도라는 것입니다.

(4) 공사상(空思想)과 중도

마조 선사의 「시중」에서 이어지는 법문은 "죄는 본래 공(空)한 것이라고 속속히 알라."는 말입니다. 여기서 핵심은 위에서 살펴본 '공(空)'이라는 말입니다만, 이 공을 죄(罪)의 측면에서 말씀했기 때문에 이 구절의 출처를 먼저 살펴보겠습니다.

『전등록』「제3권」에는 혜가(慧可) 선사의 법을 이은 3조(三祖) 승찬(僧璨) 선사가 중풍에 걸려 혜가 선사를 찾아와서 나눈 대화를 이렇게 기록하고 있습니다.

"화상이시여, 저는 중풍에 걸려 있습니다. 부디 저의 죄를 참회시켜 주십시오."

　　　　　　　　　　진리란 무엇인가?

"죄를 갖고 오라, 그대를 참회시켜 주리라."

"죄를 찾아도 찾을 수 없습니다."

"나는 그대의 죄를 참회시켜 주었다. 앞으로 불·법·승에 의지하도록 하라."

"이제 화상을 뵙고 승보는 알았지만, 불법이란 무엇입니까?"

"그대의 마음이 부처요, 마음이 법이다. 법과 부처는 둘이 아니다. 승보도 마찬가지이다."

"오늘에야 비로소 죄의 성품이 안에도 밖에도 중간에도 있지 않음을 알았습니다. 저의 마음이 그러하듯이 부처와 법도 둘이 아닙니다."

승찬 선사는 중풍에 걸려 있었습니다. 중풍은 불치병으로 일종의 정신병입니다. 당시에는 전생에 지은 죄의 과보라고 보았습니다. 스스로 죄를 참회하는 것 말고 달리 중풍을 면할 길은 없었습니다. 혜가 선사는 그러한 "죄를 없애기 위해서는 참회해야 한다."라는 발상을 면전에서 묵살하며, '죄의 성품이 안에도 밖에도 중간에도 있지 않음'을 깨닫게 합니다. '죄는 본래 공한 것이라고 속속히 알게 한 것'입니다. 이렇게 승찬 선사는 '죄의 성품이 본래 공(空)'을 깨달아 업보(業報)를 초월하였습니다.

그렇다면 공이란 무엇이고, 이것은 고따마 붓다가 정등각(正等覺)한 내용인 중도(中道)와 어떤 연관이 있는 것일까요? 공(空)이란 산스끄리뜨어 순냐(śūnya)를 번역한 말입니다. 공이라는 말 외에도 모든 존재의 본성이 공(空)이라는 입장에서 공성(空性, śūnyatā)이라는 말을 사용하기도 합니다.

공의 산스끄리뜨어인 순냐는 수학(數學)의 0(零, zero)을 의미하는 말이기 때문에, 공에는 무(無)의 의미가 내포되어 있습니다. 따라서 공이란 일체의 현상적 존재는 '없다'라는 의미를 가지고 있고, 모든 형태로 생각되고 예상되는 일체의 실체적인 것을 모두 부정하는 것이라고 생각할 수도 있습니다. 그러나 여기에서 분명히 하지 않으면 안 될 것은 공이 일체의 실체적인 것을 부정한다고 해서, 이것을 일종의 허무(虛無)와 같은 것으로 생각해서는 안 된다는 것입니다.

대승불교의 핵심인 공은 단순한 부정이 아닙니다. 이 공은 부정만으로 그치지 않고 절대적인 긍정(肯定)으로 전향됩니다. 다시 말하면 부정이 부정으로서 끝나는 한 그것은 우리들에게 아무것도 줄 수가 없습니다. 거기에는 오직 정지(靜止)가 있을 뿐이며, 판단의 단절과 침묵이 있을 따름입니다. 그러나 공은 우리들에게 모든 집착을 던진 진정한 자유와 해방을 가져다줄 뿐만 아니라, 공의 체득에 의하여 삶의 진정한 의미를 발견할 수 있게 됩니다.

이러한 뜻에서 불자(佛子)들은 무엇보다 먼저 공의 올바른 이해가 있어야 합니다. 다시 말하면 '공이란 없다'는 의미를 가지고 있다고 해서, 이것을 '있다[有]'와 '없다[無]'라는 두 측면에서 생각하여 '있다'의 반대개념인 '없다'라는 것을 가지고 공(空)을 파악해서는 안 된다는 말입니다. 우리들이 공의 개념을 파악함에 있어서 봉착하게 되는 일차적인 어려움이 바로 여기에 있습니다. 왜냐하면 사람들은 매사에 어떤 대상을 설정해 두고 그것을 붙잡고 유무(有無)를 따지고, 그래서 생각으로 붙잡고 있는 그 대상이 인식되면 '있다'고 하고 인식되지 않으면 '없다'고 말하기 때문입니다.

그렇지만 지금 살펴본 것처럼, 붙잡고 있는 어떤 대상이나 존재가 없을 때는 '있다, 없다' 하는 관념이 생기지 않는 상태에 놓이게 되는데, 이때에도 사람들은 '없다'라고 말합니다. 그렇지만 인간에게는 이러한 '있다', '없다'라는 관념이 있을 수 없는 상태의 '없음'이 있을 수 있습니다. 그러나 이 '있다', '없다'라는 관념이 있을 수 없는 상태의 '없음'을 인식하는 것은 쉬운 일이 아닙니다. 왜냐하면 사람들은 언어(言語)라는 실체가 없는 허상(虛像)을 가정해 놓고, 그 허구성 속에서 살고 있기 때문입니다.

가령 똑같은 '없다'라는 표현이지만 어떤 존재를 붙잡고 그 유무를 따져서 '없다'고 하는가 하면, 존재나 대상의 관념이 끊어진 상태도 '없다'고 말하는 것입니다. 그래서 이러한 언어의 허구성 속에서 사람들은 일상생활을 통해서 일체의 존재나 대상을 유무(有無)의 상태로만 받아들이고, 따라서 유무를 초월한 세계를 쉽게 경험할 수 없기 때문에 '없다'고 하면 유(有)의 반대개념인 무(無)만을 생각하게 되고, 그 반대인 경우도 있게 됩니다.

그런데 인간에게는 이 '있다', '없다'라는 관념이 있을 수 없는 상태의 '없음'을 경험하고 체득할 수 있는 능력이 주어져 있습니다. 그리고 이 경험하고 체득하는 일은 인식하는 것이 아니라, '있다', '없다'라는 관념이 있을 수 없는 상태의 '없음'을 보는 것입니다. 이러한 '있다', '없다'라는 관념이 있을 수 없는 상태의 '없음'을 '공(空)'이라고 말하고, 이 공을 본 것을 견성(見性)이라고 합니다.

위에서 고따마 붓다가 정등각(正等覺)한 내용이 중도(中道)이고, 중도의 가장 기본적인 형태는 있음[有]과 없음[無] 등 상대적인 어떤 두 극단에 집착하지 않는 것이라는 말씀을 드렸습니다. 여기서 우리는 고따마 붓다가 증득했다는 중도와 공은 같은 내용의 다른 이름이라는 사실을 깨닫게 됩니다. 그리고 마조 선사가 「시중」에서 "선을 취하지도 말고 악을 버리지도 말라. 더럽고 깨끗한 두 개의 대립에 의존하지 말고, 죄는 본래 공한 것이라고 속속히 알라."라고 한 법문이 고따마 붓다의 깨달음의 내용인 중도와 공을 의미한다는 사실을 알게 됩니다.

(5) 일념도 얻을 것이 없다[無所得]

다음으로 살펴볼 것은 "일념도 얻을 것이 없다. 그것 스스로 실체가 없기 때문이다."라는 말입니다. 여기에서 주의 깊게 보아야 할 것이 '얻을 것 없음'과 '실체가 없음'과 '본래 공(空)'이라는 세

가지 말은 표현은 다르지만 이것이 의미하는 바는 같다는 사실입니다. 일체의 존재와 현상은 '유라고도 무라고도 말할 수 없는 공'이라고 했습니다. 그러나 일체 존재와 현상을 오직 유와 무의 두 측면에서만 고정시켜 살아온 우리들로서는 부처님의 이 가르침을 납득하기가 쉽지 않습니다. 왜냐하면 사람들은 보편적으로 일체의 존재와 현상은 어떤 고정된 실체가 있다고 생각하면서 살고 있기 때문입니다.

불교가 어렵다고 말하는 대다수의 사람들은 바로 이 점에 불만을 토로하고 있습니다. 있으면 있고, 없으면 없다고 분명히 밝히지 않고, 무엇 때문에 있는 것도 아니고 없는 것도 아니라고 애매하게 말하느냐고 항변합니다. 그래서 이제 이 말을 우리들의 삶에 좀 더 접근시켜 살펴보겠습니다. 『대품반야경』「도수품 제71」에서는 '실체가 없음' 즉 실체의 관념을 부정하여 다음과 같이 설시하고 있습니다.

"모든 것은 인연이 화합해서 생기는 까닭에 사물에는 제 성품[自性]이 없는 것이다. 만약 제 성품이 없다면 이것을 법이 없음이라고 말한다. 이러한 까닭에 수보리야, 보살마하살은 마땅히 일체 모든 것[一切法]은 본성이 없다고 알아야 한다. 왜냐하면 일체 모든 것은 본성이 공한 때문이니, 이러한 까닭에 일체 모든 것은 본성이 없다고 마땅히 알아야 한다."

일체 모든 것은 인연의 모임에 의해서 생긴 것이기 때문에 그것은 자신의 성품, 즉 그것을 형성하고 있는 어떤 실체가 있는 것이 아니라고 경은 밝히고 있습니다. 일체의 존재와 현상의 본래 성품은 공이라는 설명입니다. 그리고 어떤 현상이나 존재에 실체적인 성품이 있는 것이 아니고 공이라는 이 부처님의 말씀은 우리들의 실제 생활에서 증명이 가능한 것입니다.

가령 책상을 예로 들어보겠습니다. 책상은 나무를 키운 땅과 나무를 목재로 다듬은 사람과 목수와 심지어 칠장이 등에 의존해서 생기고, 그 밖의 존재와의 관계에 의해서 존재합니다. 때문에 책상은 여러 요소가 모여서 된 것이지 홀로 존재하는 것이 아닙니다. 또한 책상이라고 말해지는 이것은 부수면 더이상 책상이라 말할 수 없습니다. 태우면 재가 되고, 재 또한 바람이 불면 날아가 사라져버립니다. 결코 항상하는 것도 아니고 변하지 않는 것도 아닙니다. 그렇다면 단일한가? 그렇지 않습니다. 모든 것은 복합체로서 책상이라는 하나의 전체성이 있는 것이 아니고, 책상은 많은 부분이 모여서 된 복합적인 것으로 그것은 결코 실체가 있는 단일한 것이라고 말할 수 없습니다.

이렇게 일체 모든 것은 단지 이름만 있을 뿐입니다. 말은 불변(不變)입니다. 그대와 내가 죽어도 책상이라는 한국말이 존속하는 한 있는 것입니다. 말을 개념이라는 관념적 존재의 차원으로 환원하면 항상하고 물질이 아니기 때문에 분할되지 않는 단일한 존

진리란 무엇인가?

재이며 우리들에게 의존하지 않기 때문에 자립적이라고 말할 수도 있을 것입니다. 그러나 우리들이 실재하는 것이라고 생각하는 모든 것은 사실은 언어에 불과한 것이고, 개념의 실체화에 불과한 것입니다. 그러한 실체는 인간의 사유의 세계에만 존재하는 것으로 사실의 세계에서는 있을 수 없는 것입니다. 그런데도 사람들이 이 사실에 쉽게 접근하지 못하는 이유는 인간의 삶에 있어서 언어가 점하고 있는 역할이 너무나 크기 때문입니다.

사람들은 무엇인가 있는 것을 본다든가 듣고 있을 때 실은 그 사물을 본다든가 듣는다는 것이 아니라, 그 말의 의미를 보고 있는 것입니다. 그리고 말의 의미가 가지고 있는 보편성과 항상성을 그 대상에 부여하고 있는 것입니다. 사람들이 사물에 애착하는 것은 실은 그 사물을 나타내는 말의 보편성과 항상성에 붙잡히기 때문입니다. 이처럼 존재나 현상의 실체라고 하는 것은 처음부터 본래 없는 것입니다.

그런데 지금 살펴본 것처럼 어떤 존재나 현상이 있는 것은 아니지만, 그렇다고 해서 존재나 현상이 완전히 없다고 하는 것도 있을 수 없습니다. 왜냐하면 '무(無)'라는 것이 성립하기 위해서는 그것이 본래 있었던 것이 없어진 것이 아니면 '무'라고 말할 수 없기 때문입니다. 이런 이유에서 '무'도 아닙니다. 따라서 공이라는 것은 유와 무라는 개념에서는 파악될 수 없는 것이고, 공의 입장에서 존재는 '유라고도 무라고도 말할 수 없는 어떤 것'이라고 할 수 밖에 없는 것입니다.

사람들이 자기 자신에 애착하는 것도 마찬가지입니다. 본래 없는 '자기'라는 말에 붙잡혀 있기 때문입니다. 마찬가지로 다른 사람을 보고 집을 보고 산이나 강을 보고 있을 때, 사람들은 그러한 것이 어제도 오늘도 내일도 변함없이 존재한다고 생각해 버립니다. 그러나 그것은 원래부터 사실이 아닙니다. 왜냐하면 일체는 공(空)이기 때문입니다. 그리고 이렇게 공인 일체는 실체가 있는 것이 아니기 때문에 얻어서 자기 것으로 할 수가 없습니다. 소위 '무소득(無所得)'입니다. 그래서 '얻을 것이 없음'과 '실체가 없음'이라는 깨달음은 '공(空)의 체득(體得)'으로 귀결이 되는 것입니다.

(6) 마음도 아니고 부처도 아니다

지금까지 살펴본 마조 선사의 「시중」 첫 법문[II]의 내용 가운데 "죄는 본래 공한 것이라고 속속히 알라. 일념도 얻을 것이 없다. 그것 스스로 실체가 없기 때문이다."라는 법문을 통하여 마조 선사가 "마음도 아니고 부처도 아니다."라고 대답한 이유를 그대는 알았을 것이라고 생각합니다. 즉 그대는 고따마 붓다의 정각(正覺)의 내용인 중도(中道)는 공(空)의 다른 표현이고, 공까지도 그것 스스로 실체가 없기 때문에 얻을 수 있는 것이 아니라는 사실을 알았을 것입니다.

진리란 무엇인가?

그런데 여기서 한 가지 언급해야 할 말이 하나 있습니다. "어떤 것이 부처입니까?"라는 어떤 스님의 물음에 마조 선사는 "마음도 아니고 부처도 아니다."라고 대답했습니다. 이 대답을 듣고 부처를 물었던 그 스님이 바로 깨달음을 얻었는지 어떤지는 밝혀진 것이 없습니다. 그런데도 마조 선사의 이 대답 한 구절이 화두(話頭)가 되어 수많은 수행자들로 하여금 일천 년이 넘는 세월 동안 수행에 매진하게 했습니다. 그 사이에 어떤 이는 깨달음을 얻고 또 어떤 이는 그렇지 못했을 수도 있습니다. 중요한 것은 우리 모두 마조 선사가 제시한 이 공안을 화두삼아 수행한다면 깨달음을 얻을 수 있다는 것입니다. 『금강경』「여법수지분(如法受持分) 제13」과 「이상적멸분(離相寂滅分) 제14」에는 각각

"반야바라밀이 곧 반야바라밀이 아니라, 이 이름이 반야바라밀이다[般若波羅蜜 卽非般若波羅蜜 是名般若波羅蜜].
제일바라밀이 곧 제일바라밀이 아니요, 그 이름이 제일바라밀이기 때문이다[第一波羅蜜 卽非第一波羅蜜 是名第一波羅蜜]."

라고 설시하고 있습니다. 경(經)에서 설하고 있는 반야바라밀과 제일바라밀은 같은 의미의 다른 말로서 고따마 붓다가 깨달은 중도인 공의 자리를 표현하고 있습니다. 그런데 부처님께서는 "반야바라밀이 반야바라밀이 아니라, 이 이름이 반야바라밀이다. 제일바

라밀이 제일바라밀이 아니라, 그 이름이 제일바라밀이다."라고 설하고 계십니다. 이 경문은 지금까지 우리가 함께 공부했던 마조선사의 "마음도 아니고 부처도 아니다."라는 말과 '아니다'라는 단어에서 그 의미를 같이 하고 있습니다. 여기서 우리가 함께 눈을 떠야 할 것이 바로 이 '아니다'라는 것입니다. 반야바라밀이란 반야바라밀이 아닌 그 자리[卽非]에 있고, 부처님은 '마음도 아니고 부처도 아닌' 자리에 계시는 것입니다.

앞의 공을 설명하는 곳에서 "이러한 '있다' '없다'라는 관념이 있을 수 없는 상태의 '없음'을 '공(空)'이라고 말하고, 이 공을 본 것을 견성(見性)이라고 한다."라는 말을 했습니다. 견성이란 자신의 본성(本性)을 아는 것[知性]이나 느끼는 것이 아니라 자신의 본래 성품을 보는 것입니다. 여기서 성품을 본다는 것은 텅 빈[空] 것이 눈앞에 현전하는 것[覿面現前]을 말합니다. 이렇게 눈앞에 현전하는 텅 빈 이 물건을 대승불교의 선구경전(先驅經典)인 『반야경(般若經)』에서는 '반야바라밀'이라고 부르는데, 이 반야바라밀을 체득하기 위해서 수행하는 불교가 선불교(禪佛敎)입니다.

그러나 참선 수행을 아무리 오래 했더라도 반야바라밀이 눈앞에 현전하는 견성을 하지 못했다면 아직 도인(道人)은 아닙니다. 우리 주변에는 사이비 도인들이 많이 있습니다. 공을 이해하는 정도인 해오(解悟)를 견성이라고 착각하여 도인 행세를 하기 때문입니다. 조심하지 않으면 안 됩니다.

진리란 무엇인가?

(7) 삼계(三界)는 오직 마음일 뿐이다

마조 선사 「시중」의 이어지는 법문은 "그러므로 삼계가 오직 마음일 뿐[三界唯心]이며, 삼라만상은 하나의 진리가 자국을 남긴 것에 지나지 않는다."라는 말입니다. 사람들은 살아가는 데 있어서 자신을 둘러싼 환경이 좋으면 순경(順境)이라 하고, 거칠고 맞지 않으면 역경(逆境)이라 해서 거친 환경을 극복하려고 노력합니다. 일반적으로 환경을 조복받고 극복하기 위해서 모든 방법을 다 쓰고 연구를 합니다. 그러나 부처님의 법에서는 환경 조건의 근원을 밝히고 근원을 찾아서 환경을 조정해 갑니다. 우리를 둘러싼 환경, 즉 육체부터 시작해서 가정이나 사회, 시대, 환경 모두가 우리의 깊은 마음의 표현이라는 것입니다. 마음이 근본이 되어서 일체 자신과 자기의 환경과 내지 시대까지도 영향을 줍니다. 그래서 자기 자신의 마음에 있는 것이 나타나서 환경이 된 것이므로 환경이 거슬린다고 환경과 싸우고 다투기에 앞서서 자기 스스로 마음을 바꿔야 하는 것입니다. 이를 '일체는 오직 마음이 지은 것[一切唯心所造]'이라고 합니다.

마조 선사는 지금까지 "어떤 것이 부처입니까?"라는 물음에 "이 마음이 곧 부처이다." 혹은 "마음도 아니고 부처도 아니다."라고 하면서 마음[心]이라는 말을 부처를 설명하는 곳에 사용했습니다. 그런데 여기서는 부처를 포함한 과거·현재·미래의 모든 세계가 오직 마음의 나타남[顯現]이라 말하고 있습니다. 물론 『화엄경(華嚴經)』에도 다음과 같은 사구게(四句偈)가 있습니다.

과거·현재·미래의 모든 세계와[若人欲了知]
일체의 부처님을 알고자 하면[三世一切佛]
마땅히 법계성을 관할지니라[應觀法界性].
일체는 이 마음이 지었느니라[一切唯心造].

『화엄경』의 이 게송을 사구게라고 하는 것은 이 네 구절의 말 속에 경에서 말하고자 하는 모든 사상과 내용의 전부를 압축해서 담고 있기 때문입니다. 이 게송에서 핵심이 되는 구절이 마지막의 "일체는 이 마음이 지었다[一切唯心造]."라는 말인데, 이 말은 마조 선사의 '삼계가 오직 마음일 뿐[三界唯心]'이라는 법문과 비교가 됩니다. 두 말이 똑같이 세상의 일체 모든 현상을 만들어내는 창조주(創造主)는 오직 마음이라 말하고 있기 때문입니다.

여기서 한 가지 짚고 넘어갈 말이 있습니다. "일체는 마음이 짓는다."라는 말을 가지고, 가령 마음이 행복을 만든다고 했을 경우에 이 말은 불행한 것을 마음을 고쳐먹어 행복한 것처럼 적당히 회피한다는 말은 아닙니다. 이 말은 마음을 바꾸면 환경이 바뀌고 창조가 이루어진다는 뜻입니다. 자칫하면 종교는 위안이요, 해석하기 나름이라고 보는 견해를 가질 수 있습니다. 실제로 이런

진리란 무엇인가?

견해를 가진 분들이 흔합니다. 그러나 불교에서 말하는 '일체유심조'는 마음을 바꿈으로써 일체를 만들어 낸다고 하는 그런 적극적인 말입니다. 이루어지는 것, 만드는 것, 형성되는 것, 우리 환경을 둘러싸고 있는 이 모두가 내 마음을 바꿈으로써 만들 수 있습니다. 좋은 환경도 그릇된 환경도 내가 만드는 것입니다. 그 만들 수 있는 힘, 그 주체적이며 능동적이며 적극적이고 창조적이고 권능적인 인간의 가치를 부처님은 이 한마디로 말씀하신 것입니다.

마조 선사는 "삼라만상(森羅萬象)은 하나의 진리가 자국을 남긴 것에 지나지 않는다."라는 말로 우리를 둘러싼 일체 현상이 사실은 부처님께서 깨달은 진리인 중도·공·반야바라밀의 현현(顯現)임을 강조하고 있습니다. 물론 부처님도 진리인 공(空)의 현현으로 우리 앞에 모습을 나투어 생사(生死)도 보이고 법문(法門)도 하십니다. 이렇게 부처와 마음은 떼려야 뗄 수 없는 관계에 있기 때문에 '마음이란 무엇인가'라는 문제에 관해서는 「제2장」에서 다루도록 하겠습니다. 「제1장」을 마치면서 『벽암록』「제37칙」에 있는 석두 선사의 송(頌)을 가지고 부처님이 우리 곁에 나타나는 모습을 살펴보겠습니다.

흰 구름은 햇빛 가리개 되고[白雲爲蓋]
흐르는 샘물은 거문고 소리[流泉作琴]

한 곡조 두 곡조 들을 줄 아는 이 없음이여[一曲兩曲無人會],

비가 밤 연못을 지나가니 가을 물 깊어지네[雨過夜塘秋水深].

진리란 무엇인가?

제2장

마음[心]이란 무엇인가?

지성(智性)의 세계와
본성(本性)의 세계

두 개의 마음

『화엄경』의 사구게(四句偈) 마지막 구절인 "일체는 이 마음이 지었다[一切唯心造]."라는 말을 들으면 누구를 막론하고 어리둥절하여 믿어지지 않을 것입니다. 왜냐하면 "일체는 이 마음이 지었다."라는, 즉 '일체유심조'를 믿으려면 우리들이 아침마다 일어나서 분명히 보게 되는 서울 한가운데의 남산(南山)이나 유유히 흐르고 있는 한강을 자신의 마음이 만들었다고 믿어야 하기 때문입니다. 창문을 열면 들려오는 거리의 시끄러운 자동차 달리는 소리가 실은 자신이 만든 것이라고 믿지 않으면 안 되기 때문입니다. 우리들의 눈에 보이고 귀에 들리며 손으로 만져지는 저 분명한 실체들을 실제로는 자신의 마음이 만든 것이라고 했을 때, 누구인들 그것을 믿을 수 있겠습니까?

그러나 그렇다고 해서, 즉 믿어지지 않는다고 해서 물러서버릴 수만은 없는 것이 우리 모두의 당면과제입니다. 왜냐하면 우리들은 불자이기 때문입니다. 불자가 누구입니까? 불자(佛子)란 불교를 학문적으로 연구하는 등의 불자(佛者)가 아니라, 부처님의 자녀라는 뜻입니다. 일체유심조라는 말은 우리들을 낳아서 길러준 부처님이 우리들에게 하신 말씀입니다. 효심(孝心)이라면 누구에게도 뒤지지 않는 불자들이 어버이이신 부처님의 말씀을 불신해서야 되겠습니까!

일체유심조, 이 말이 믿어지지 않으면 믿어질 때까지 노력하고 공부하십시오. 부처님은 결코 헛소리를 하실 어른이 아닙니다. 『금강경』에서 "여래는 진리의 말을 하는 이며, 실다운 말을 하는 이며, 여실한 말을 하는 이며, 거짓말을 하지 않는 이며, 다른 말을 하지 않는다[如來 是眞語者 實語者 如語者 不誑語者 不異語者]."라고 설시하고 있는 것이 그것을 증명하고 있습니다. 일체유심조의 의미를 알기 위해서 끊임없이 노력하고 수행하다 보면 어느 날 분명히 그대 앞에 이 말이 거짓이 아님이 나타날 것입니다. 바로 그때 고통의 바다인 이 세상[苦海]을 헤쳐 나갈 수 있는 불자로서의 안목이 생기게 됩니다.

그런데 우리 모두가 부처님의 법문인 일체유심조를 믿지 못하는 이유가 무엇일까요? 여러 가지 이유가 있을 수 있겠지만, 소납의 생각으로는 가장 큰 원인은 사람들이 '마음[心]은 하나다.'라는 막연한 지식 혹은 관념을 가지고 살아가는 데에 있다고 여겨집니다. 즉 대다수의 사람들은 태어나면서부터 죽을 때까지 자신의 마음이 하나라고 생각하면서 살고 있는데, 이 지식이나 생각이 잘못되었다는 것입니다. 『능엄경(楞嚴經)』에는 인간의 마음에는 두 가지가 있다고 하면서 다음과 같이 설시하고 있습니다.

"원래 범부들이 시작 모를 옛적부터 미혹을 거듭하고 있는 것은 두 가지 근본을 모르기 때문이다. 하나는 생사의 근본인 미혹된 마음을 자기 본성으로 잘못 알고 있는 것이고, 둘째는 깨달음의 본성인 청정본심이 자기에게 갖추어져 있는 것을 모르기 때문이다."

부처님께서는 인간의 삶에 고통이 따르는 것은 우리들의 마음이 원래부터 두 가지인데, 그것을 모르고 미혹된 마음을 자기 본성으로 잘못 알 뿐만 아니라 깨달음의 본성인 청정본심(淸靜本心)이 자기에게 이미 갖추어져 있는 것을 모르기 때문이라고 설하고 계십니다. 가령 팔을 들어 올리면 눈으로 보고 마음이 압니다. 그러나 그것을 아는 마음은 참마음이 아니고 분별하고 꾸미는[計巧] 마음이라는 것입니다. 그리고 이렇게 분별하고 꾸미는 마음은 욕심에서 일어나 자기의 이익만을 생각하는 마음이고 인연 따라 일어나는 마음으로서 실체가 없는 변천(變遷)하는 생각이라는 것입니다.

이 마음을 참 마음이라고 아는 데서 미혹이 일어나고, 그 미혹으로 말미암아 고통이 오는 것입니다. 때문에 삶을 행복으로 만들기 위해서는 자기에게 본래부터 갖추어져 있는 청정본심을 찾아서 그 본성(本性)을 내어 써야 합니다. 그런데 문제는 우리들이 태어나서 살아가면서 단 한 번도 그러한 사실에 관하여 듣지 못하고 있다는 사실입니다. 자자손손 내려오면서 이러한 사실을 자식들에게 가르쳐 주지 않았다는 것입니다.

티베트에서는 언어 자체에 마음을 가리키는 말에 두 가지가 있다고 합니다. 세랍이라는 계산하고 따지고 분별하는 보통마음과 예쉐라는 궁극적인 지혜가 된 본마음입니다. 이 때문에 티베트인들은 출생과 동시에 예쉐를 깨닫기 위해서 수행한다고 합니다. 이렇듯 인간의 마음에는 두 가지 종류가 있는데도 우리들은 이 사실을 의식하지 못하고 살고 있습니다. 이렇게 마음이라는 것에 두 가지가 있다면 우리가 의식하는 세계는 어떻게 될까요?

본성 세계의 실재성(實在性)

사람들은 살아가면서 자신들의 생활에서 의식하지 못하는 것이 있습니다. 그것은 우리들이 살고 있는 세계는 하나가 아니고 둘이라는 것입니다. 그리고 이 두 개가 그대로 하나라는 사실입니다. 이 두 가지 세계 중 하나는 분별하고 꾸미는[計巧] 세계로, 이것은 '감성과 지성의 세계'라고 바꾸어 부를 수 있습니다. 다른 하나는 궁극적인 지혜가 된 본마음이 본 세계로, 이것은 '본성(本性)의 세계'라고 말할 수 있습니다. 그러나 이 두 세계의 존재에 눈을 뜬 사람이라 할지라도 실제로 살아가는 데 있어서의 세계는 감성과 지성이 지배하고 있기 때문에 다른 하나의 세계인 본성의 세계는 비실재로서 관념적이고 공상(空想)의 세계이며, 시인이나 이상가나 또 소위 본성편중주의자(本性偏重主義者)의 머릿속에만 있는 것이라고 생각하고 있습니다.

그렇지만 불교적 입장에서 보면 이 본성의 세계만큼 실재성을 가진 곳은 없습니다. 그것은 감성적 세계와는 비교도 안 되는 곳입니다. 보통 사람들은 감성과 지성의 세계를 가지고 구체적이라고 생각하고 있지만, 사실은 그렇지 않습니다. 그 세계는 우리들의 두뇌에서 다시 구성한 곳입니다. 본성을 깨달아서 얻는 세계[直覺]의 대상이 되는 곳은 아닙니다. 감성이나 지성의 세계에서만 살고 있는 인간이 그것에 만족하지 못하고, 무언가 부족하고 불안한 기분에 휩쓸리게 되는 것은 그것 때문입니다. 저는 이러한 인간들의 심정을 가장 잘 표현한 단어가 호남지방의 사투리인 '껄쩍지근하다(꺼림칙하다)'라는 말이라고 생각하고 있습니다. 무언가 물건이라도 잃어버린 것 같은 느낌이 들어서, 그것이 잡힐 때까지는 갖가지 형태로 고뇌하는 것입니다. 즉 본성적 세계의 진실성에 대한 동경이 무의식적으로 인간의 마음을 움직이는 것입니다.

이것은 중대한 철학의 문제이기도 합니다만, 여하튼 인생의 하루하루는 모순으로 가득 차 있습니다. 사람들은 대개 그것을 의식하지 못하고 지나칩니다만, 일단 의식하게 되면 그 해결을 위해서 괴로워합니다. 괴로워하면서 이곳저곳 계속 방황하고, 어떻게 해서든 그곳으로부터 벗어나려고 합니다. 이 끝없는 노력이 계속됨에 따라서, 이제까지 지내온 생활이라는 것이 얼마나 진실하지 않고 무의미했던가 하는 것이 차츰 알아집니다. 물론 이렇게 인생이 괴로움의 세계[苦海]라고 알아차리는 사람은 극히 일부분이고, 설사 알아차렸다 하더라도 대다수는 사람의 삶이 원래 이런 것이라고 생각하여 실망하고 거기서 멈춰버립니다.

그렇지만 어떤 사람들은 '인생이 고(苦)'라는 이 느낌이 계속 들면 문득 뭔지 모르게 차원을 달리한 곳에 별도의 경계가 있는 것이 아닐까 하는 생각이 들게 됩니다. 그리고 그 경계는 지금 우리들이 현재 머물고 있는 세계보다도 진실하고 풍요로워서 별도의 가치를 가진 것처럼 느끼게 되는 것입니다. 또한 그 세계는 지금

진리란 무엇인가?

까지 이것보다 중요한 일은 없다고 혼신을 다해서 취해온 것을 전부 포기함에 의해서만이 발견되는 곳이라고 희미하게 이해하게 됩니다. 바로 그 순간이 본성적 세계와 비슷한 세계를 엿볼 수 있게 되는 시간입니다.

아마 보통 사람들은 세속을 버리고 출가해서 독신수행자가 되는 인간을 이해하지 못할 겁니다. 물질문명이 최고로 번창해서 흥미진진하고 휘황찬란한 이 세상을 포기하고 스스로 고통의 삶을 택한 그런 인간을 평범한 사람들이 어떻게 이해할 수 있겠습니까? 마찬가지로 2500여 년 전에 이 땅에 오신 고따마 붓다가 출가해서 수행자의 삶을 살아가신 이유를 필부필부(匹夫匹婦)가 어찌 이해할 수 있겠습니까?

고따마 싯다르타가 출가한 이유와 보통 인간이 출가한 이유는 똑같습니다. 인생이 괴로움의 세계라고 알아차리고 계속해서 뭔지 모르게 차원을 달리한 곳에 별도의 경계가 있는 것이 아닐까 하는 생각이 들어서 그 세계를 찾아 나선 것입니다. 그 결과 고따마 싯다르타는 본성적 세계를 발견하여 고따마 붓다가 되셨고, 보통의 인간들 중 출가한 사람들은 고따마 붓다의 가르침을 이정표로 삼아 본성적 세계를 보기 위해서 수행하지만, 어떤 승려는 성공을 하고 어떤 승려는 그렇지 못하는 겁니다.

승속을 막론하고 어떤 사람이 이러한 과정과 노력을 통해서 본성적 세계를 실제로 파악할 때, 다시 말하면 본성적 세계가 실제로 우리들의 감성적·지성적 세계로 뚫고 들어올 때에는 보통사람들의 일상적인 경험체계가 완전히 거꾸로 됩니다. 여태까지 실다운 것[實]이라고 여겼던 사실이 실다운 것이 아닌 것[非實]이 되고, 진(眞)이 비진(非眞)이 됩니다. 중국 양진시대(梁陳時代)에 부대사(傅大士: 497~569)라는 유명한 재가보살이 있었는데, 이 거사가 남긴 게송 가운데 가장 빈번히 인구에 회자되는 것으로 다음과 같은 게송이 있습니다.

> 빈손이면서 호미자루를 잡고
> 걸으면서 물소를 타도다.
> 사람은 다리 위로 걸어가고
> 다리는 흐르되 물은 흐르지 않는구나.

"다리는 흐르고 물은 흐르지 않는다."라는 말이 보통사람의 상식적인 생각으로는 너무나도 터무니없다고 생각되겠지만, 본성을 깨달아서 얻은 세계의 입장에서 보면 그렇게 되는 것입니다. 그것은 이 본성적 세계가 일반의 감성적·지성적 세계로 뚫고 들어올 때, 우리들의 지금까지의 경험을 전부 부정하기 때문입니다.

그러나 여기에서 착각해서는 안 되는 것이 하나 있습니다. 그것은 본성을 깨달아서 얻은 세계의 경험에도 불구하고 지금까지의 감성적·지성적·분별적 특성을 전부 잃지 않고 있다는 사실입니

진리란 무엇인가?

다. 차별의 세계는 지금도 역시 차별의 세계입니다. 그러나 본성적 세계의 입장에서 보면 이 천차만별(千差萬別)이 천차만별인 채로 본성적 세계의 소식이라고 하는 분별을 넘어선 자리에서 존재를 있는 그대로 보는 지혜로 사물을 보는 것입니다. 바꾸어 말하면 우리들이 지금까지 진실이 아닌 꿈과 같고 환상과 같다고 생각해서 버려버린 것이 깨닫고 보니 꼭 그런 것은 아니었다는 사실을 알게 된 것입니다.

『무문관』「제19칙」은 "남전 선사가 어느 날 조주(趙州) 스님이 '어떤 것이 도(道)입니까?'라는 질문을 받고, '평상심이 바로 도이다[平常心是道].'라고 대답했다."라는 내용입니다. 이 문답에 대하여 무문 선사는 "남전은 조주의 물음을 받고 기와가 무너지고 얼음이 풀려 버린 듯[瓦解氷消] 어떠한 설명도 할 수 없게 되어버렸다."라고 하면서 다음과 같은 게송으로 이 말의 의미를 설명하고 있습니다.

봄에는 온갖 꽃, 가을에는 밝은 달[春有百花秋有月].
여름에는 시원한 바람, 겨울에는 하얀 눈[夏有凉風冬有雪].
만약 한가하여 마음에 걸리는 일 없다면[若無閑事掛心頭],
그에겐 하루하루가 기쁨의 날이네[便是人間好時節].

남전 선사의 이 법문은 본성적 세계에 대한 조주 선사의 물음에 대해서 "평상심이 바로 도이다."라고 답하고 있는 것입니다. 그리고 이 남전 선사의 이해하기 어려운 대답에 관하여 무문 선사는 본성적 세계의 실상을 이렇게 멋지게 노래하고 있는 것입니다. 감성적·분별적인 현상 저 너머의 세계를 말하고 있습니다. 여기서 우리들은 우리가 경험하고 있는 몽환(夢幻)의 삶은 그 배후에 진실인 그 무엇을 가지고 있다는 점을 알게 되는 것입니다. 왜 그런가 하면 본성은 한쪽에 있어서는 감성적 경험을 모두 부정해 버리지만, 감성적 세계는 이 부정으로 인해서 그 천차만별인 지성적 분별을 본성 그 자체 속에서 보존해 가는 것이기 때문입니다.

그리고 본성적 세계라고 하면 많은 사람들은 뭔가 그러한 곳이 이 세상 바깥에 있어서 이 세계와 저 세계라는 두 개의 세계가 대립하고 있는 것처럼 생각합니다만, 사실은 한 세계뿐입니다. 두 개라고 생각되는 것은 한 개의 세계를 우리 인간들이 그렇게 보게 되는 것뿐입니다. 즉 사람들이 하나를 두 개로 보는 것입니다. 이것을 모르게 될 때 실제로 두 개의 대립되는 세계가 있다고 잘못 믿게 되는 것입니다. 우리들이 생활하고 있는 상대적 세계와 그 배후에 있는 본성의 세계는 오직 하나이지 둘이 아닌 완전(完全)을 형성하고 있습니다. 이 완전성을 여의고 각자에 각기 특별한 가치가 있는 것이 되면 양쪽 모두 진실성을 잃어버립니다.

다시 말하면 감성적·지성적·분별적 세계는 본성적 세계에 들어감에 의해서 그 진실성을 획득하지만, 그렇다고 해서 상대성

진리란 무엇인가?

그 자체는 없어지는 것이 아니라는 말입니다. 무분별의 혼돈에 돌아간다는 의미는 아닙니다. 마찬가지로 본성적 세계도 지성적 분별의 천차만별의 성질 속에 뚫고 들어와도 그것 때문에 지금까지의 차별적 경험체계가 혼란되는 일은 없습니다. 단지 지금까지와 다른 한층 깊은 의미를 거기로부터 알게 되어서 현실생활이 실로 가치 있는 것이 됩니다. 인생의 불행은 본성적 세계와 감성적·분별적 세계가 두 개의 별다른 세계로서 상호간에 서로 삐걱거리는 세상이라고 생각하는 곳에서 나오는 것입니다.

무분별·무차별의 본성세계에서 불교적 삶이 시작된다

앞에서 우리들이 사는 세상은 두 개의 세계가 대립하고 있는 것처럼 보이지만, 사실은 진실한 하나의 세계라고 말씀드렸습니다. 그렇다면 어찌해서 우리의 눈에는 두 개의 세계가 있는 것처럼 보일까요? 그것의 원인은 사람들이 가지고 있는 망상(妄想) 때문입니다. 소나 돼지를 비롯한 동물들은 결코 인간이 가지고 있는 이러한 망상을 하지 않습니다. 때문에 동물의 세계에서는 괴로움이라는 말이 있을 수 없습니다. 그러나 인간은 동물 중에서 유일하게 망상을 하고, 때문에 괴로움을 느끼고 살아갑니다.

우리들이 사는 이 세계는 이성(理性) 또는 지성의 면에서 보면 합리성을 가지고 있는 듯하지만, 본성을 깨달아서 얻은 세계의 입장에서 보면 망상인 것입니다. 인간은 태어나면서부터 지성적으로 되어 있기 때문에 우리들은 살아가면서 무언가 구실거리를 찾으려 합니다. 그리고 이 구실거리로 인해서 하나가 두 개로 갈라진 것입니다. 두 세계 중 하나는 그래서 분별과 차별로 되어 있습니다. 이것은 합리성으로 지배되는 세계입니다. 다른 하나의 세계는 무분별(無分別)·무차별(無差別)의 세계입니다. 이 분별과 차별의 세계를 '감성적·지성적 세계'라고 하고, 무분별·무차별의 세계를 '본성적 세계'라고 합니다.

　사람들의 생활은 차별의 세계에서 영위되고 있으며 우리들은 이것을 진실의 세계라고 철석같이 믿고 있습니다. 그리고 이 지성적 분별세계의 배후에 본성적 세계가 존재하고 있습니다. 그러나 사람들은 보통의 일상생활 속에서는 감각작용이 너무나 강력하기 때문에 본성세계를 쉽게 간취(看取)할 수가 없습니다. 그러나 실재(實在)로는 이 차별 또는 분별의 세계는 무분별·무차별의 세계에서 철저하게 꿰뚫어져서 관통[穿貫]하고 있는 것입니다. 또한 반대로 무분별·무차별의 세계도 차별 또는 분별의 세계에서 철저하게 꿰뚫어져서 관통하고 있습니다. 그리고 천차만별인 차별의 세계가 참다운 의의(意義)를 가져오는 것은 무차별 세계의 광명에 조파(照破)될 때입니다. 이것이 회득(會得)될 때 비로소 불교

　　　　　　　　　　　　　　　　　　　진리란 무엇인가?

적 생활이 시작되는 것입니다. 여담입니다만, 불교만이 그런 것은 아닙니다. 모든 종교가 참다운 종교가 되기 위해서는 차별의 세계가 무차별 세계의 광명에 조파되는 그 순간에 관한 교리가 포함되어야 합니다.

지금 말하고 있는 무차별이라는 것이 우리 모두의 일상생활 속에서 쉽게 이해하고 경험할 수 있는 일이 아닌 것은 분명해 보입니다. 왜냐하면 이 무차별이라는 물건이 천차만별의 세계와 완전히 동떨어져 있어서 생각으로는 도저히 미칠 수 없기 때문입니다. 즉 무차별과 차별은 서로 용납이 되지 않습니다. 때문에 우리들이 살고 있는 이 세계에서는 이러한 모순은 생각할 수 없습니다. 그럼에도 불구하고 사실을 말씀드리면, 이 생각으로 미칠 수 없는 이 무차별의 세계라는 곳에 불교적 생애가 있는 것입니다. 그래서 불교적 생애에는 이성화(理性化)가 안 되는 것, 이지(理智)의 면에서 이해가 안 되는 가지가지 경험이 있는 것입니다.

이렇게 이지의 면에서 이해가 안 되는 이것을 어떻게 해서든 단순하게 이지의 면에서 이해하지 않으면 안 된다고 하면, 모순이 백출(百出)하여 손을 쓸 수가 없게 됩니다. 그렇기 때문에 차별과 무차별—이 경우에는 평등이라고 바꾸어 불러도 무방하겠지만—이 어떻게 해서라도 원만하게 융합하는 지점까지 나오지 않으면, 그 모순이 모순에서 없어져서 논리에 집착하는 사람을 만족시켜 줄 수 없게 됩니다. 앞에서 말씀드린 것처럼 이 무차별·무분별의 세계를 본성적 세계라고 부르는데, 불교의 전통적인 표현으로는 열반(涅槃) · 보살(菩薩) · 성불(成佛) · 극락왕생(極樂往生) 등이라고도 합니다.

여기서 극락왕생 등이라고 하면 혹자는 "그것은 사후(死後)의 세계가 아닌가?"라고도 말하겠지만, 꼭 그렇다고는 말할 수 없습니다. 지면 관계상 자세히 말할 수는 없지만, 극락왕생을 사후에 가서 태어나는 세상이라고 주장하는 사상은 정토신앙(淨土信仰)을 가진 일부 불자들의 생각일 뿐이지, 불교교리 전체의 차원에서 살펴볼 때는 열반이나 성불의 개념과 같다고 할 수 있습니다. 이러한 사실은 조금만 생각해 보면 알 수 있습니다. 극락세계든 천국[天國, heaven]이든 혹은 열반이든 차별계를 뛰어넘어서 지성의 힘이 미치지 못하는 저쪽에 간다고 하는 것입니다. 이것은 말할 것도 없이 무분별계의 소식을 전하려고 하는 데 있어서는 아무래도 한 번은 분별지와 서로 떨어져 이별하지 않으면 안 된다는 의미입니다.

어찌 됐든 이러한 불교술어의 의미를 충분히 이해하는 것은 쉽지는 않습니다. 왜냐하면 사람들은 언제나 지성적 분별에 얽매여 있기 때문입니다. 대다수의 사람들은 무슨 일이든지 둘로 나누어서 보지 않으면 용인하지 않기 때문입니다. 이러한 이유에서 이 계박(繫縛)을 벗어나지 않는 한 이 딜레마의 해소는 불가능합니다. 번뇌의 계박을 벗어나기 위해서는 어떻게 해서든 이성(理性)

과 손을 끊는 시간을 갖지 않으면 안 되는 것입니다. 고따마 붓다가 성불하기 전에 고행을 하고 선정을 닦은 이유도 이성과 손을 끊는 시간을 갖기 위함이었고, 오늘날의 불교에서 출가하여 수행하는 승려들이 참선을 하고 염불을 하는 것도 이성과 손을 끊는 일정한 시간을 가지는 데 그 목적이 있는 것입니다. 인간에게 있어서 지성이나 감성은 차별이나 분별의 세계에서는 사건이나 사물을 이해하고 존재를 규명하는 데는 없어서는 안 되는 부분이지만, 무차별계에 들게 되면 그 필요성을 잃어버리게 됩니다. 그뿐만 아니라 도리어 장애가 됩니다.

『벽암록』「제1칙」의 본칙 내용 중에 이런 문답이 있습니다.

양나라 무제가 달마 조사에게 물었다.

"어떤 것이 성스러운 진리의 핵심[聖諦第一義]입니까?"

달마 조사가 말했다.

"텅 비어서 성스러운 진리마저 없습니다[廓然無聖]."

무제가 물었다.

"(그렇다면) 짐과 마주한 그대는 누구요?"

달마 조사가 말했다.

"모릅니다[不識]."

무제는 달마 조사의 말을 알아듣지 못했다.

(그래서) 달마 조사는 양자강을 건너 위(魏)나라로 갔다.

이 달마 조사와 양무제의 문답에서 "그렇다면 짐과 마주한 그대는 누구냐?"는 무제의 물음에 달마 조사는 '모른다'라고 대답하고 있습니다. 여기서 중요한 것은 달마 자신이 누구냐는 물음에 '모른다'라고 했으니, 이 말이 무엇을 의미하는지 알기 위해서 노력하는 것이 바로 무차별계에 들기 위해서 이성과 손을 끊는 하나의 방법입니다. 또한 『전등록』「제25권」에는 다음과 같은 법담(法談)이 기록되어 있습니다.

> 영은청용(靈隱淸聳) 선사가 어느 때 승려에게 물었다.
> "너는 불법을 알고 있느냐?"
> "모릅니다."
> "참말로 모르느냐?"
> "참말입니다."
> "그럼 오늘은 돌아가라. 그리고 내일 한 번 더 오는 것이 좋겠다."
> 승려가 예배하고 물러가려 했습니다.
> "아니야, 그런 것을 말하고 있는 건 아니야."

이 법담에서 "내일 또 오너라."라고 하는 한마디가 이 승려에게는 문자 그대로 또 상식적인 의미로 해석이 되었습니다. 그래서 청용 선사는 이 오해를 고쳐주기 위해서 "그런 것이 아니야."라고

진리란 무엇인가?

부드럽게 말한 것입니다. 달마 조사의 '모른다'와 지금 이 승려의 '모른다'는 같은 의미의 '모른다'가 아닙니다. 하늘과 땅만큼 차이가 나는 '모른다'입니다. 이 문제의 해답은 청용 선사의 '그런 것'이라고 하는 데 있습니다. 선불교(禪佛敎)가 지(智)를 죽이라고 하는 이유가 여기에 있습니다. 죽인다고 하는 것은 그것을 초월한다는 뜻인데, 여기에서 비로소 무분별·무차별의 세계인 존재의 근원과 접촉하게 되는 것입니다.

본성을 깨달아서 얻은 세계

분석이나 분별의 세계는 자기[我]라는 생각에 지배되어 움직이고 있습니다. 그리고 아가 없어지지 않는 한 평등·무차별의 세계에 드는 것은 불가능합니다. 분석하고 따지고 무엇인가를 규명하는 지성과 별리(別離)한다는 것은 아의 별리에 다름이 아닙니다. 이렇게 말씀드리면 너무나도 소극적인 느낌이 들어서 정력의 원천을 고갈시키는 것처럼 들릴 것입니다. 왜냐하면 지성과 별리해야만 얻을 수 있는 본성의 세계는 그저 명상적으로 있어서 적극성도 긍정성도 없는 것이 아닐까 하는 생각이 들 수도 있기 때문입니다. 우리들이 일상생활에서 행하는 실제의 세계와는 아무런 연관도 없는 것이 아닐까 하는 생각이 들 수도 있기 때문입니다. 물론 사람들은 경우에 따라서 이러한 생각을 가질 수도 있습니다. 그렇지만 진실로 본성적 무차별의 세계를 한번 통과해 오지 않으면 이 분석과 분별을 근본으로 하는 지성의 차별세계, 즉 아(我)를 근거로 해서 있는 세계가 우리들이 일상생활의 근저로서 가져야 할 참다운 의의를 거양(擧揚)할 수 없는 것입니다. 왜냐하면 이 차별적 세계는 본성적 무분별의 세계와 무언가 연관을 가짐에 의해서 가치부여가 되기 때문입니다. 그리고 이 사실을 잊어서는 안 됩니다.

불교에 대사일번(大死一番)이라는 말이 있습니다. 이것은 우리들의 일상생활에 크게 한 번 죽는 것, 분석적 지성에 종말을 고하게 하는 것, 아(我)를 넘어뜨리는 것을 말합니다. 이 말과 관련하여 생각나는 것이 『벽암록』「제41칙」의 다음과 같은 본칙의 내용입니다.

조주(趙州)가 투자(投子)에게 물었다.
"완전히 죽은 사람[大死底人]이 되살아날 땐 어떤가?"
투자가 말했다.
"밤에 다니는 것은 허락하지 않으니 날이 새거든 오라[不許夜行投明須到]."

조주종심(趙州從諗: 778~897) 선사는 60세에 발심하고 80세까

진리란 무엇인가?

지 행각(行脚) 수행을 하며 정진한 뒤에 조주의 관음원에서 거주하며 120세까지 살면서 교화를 펼친 걸출한 선승(禪僧)입니다. 법담의 상대인 투자대동(投子大同; 819~914) 선사는 취미무학 선사의 문하에서 깨달음을 얻고 두루 유행하다가 투자산에 초막을 짓고 살았습니다. 지금의 대화는 조주 선사가 자신보다 41세 연하인 투자 선사에게 던진 질문인데, 이 법담으로 인하여 선사의 이름이 천하에 퍼져 수행승들이 모여들었습니다.

하여튼 선어록에 자주 등장하는 대사일번, 즉 크게 한 번 죽어야 한다는 말을 조주 선사는 "완전히 죽은 사람이 되살아날 땐 [卻活時] 어떤가?"라고 묻고 있습니다. 크게 한 번 죽어야 한다는 말은 아(我)를 넘어뜨려서 분석적 지성에 종말을 고하는 것까지는 선어록에 자주 언급되는 대사일번(大死一番)이라는 말과 똑같은 뜻입니다.

그런데 조주 선사는 죽는 데에 그치지 않고, 죽은 사람이 다시 살아나는 상황에 관하여 묻고 있습니다. 이 말의 의미는 대사일번한 사람이 완전히 사라지거나 없어지지 않고 본래의 몸을 가지고 계속 움직이되, 분별의 세계를 바라보는 눈이 예전과는 다르다는 것입니다. 이때 생긴 안목을 '반야(般若)'라고 부릅니다.

무념무상(無念無想)과 반야의 삶

'반야'는 산스끄리뜨어 쁘라즈냐(prajñā)의 음역어로서 통상 '지혜(智慧)'라고 의역(意譯)하고 있는 불교에만 있는 말입니다. 그런데 『벽암록』 「제41칙」에서 투자 선사는 이 반야의 안목에 대하여 "밤에 다니는 것은 허락하지 않으니 날이 새거든 오라."라고 대답하고 있습니다. 투자 선사의 이 활구[活句; 이치로 따지거나 생각으로 헤아려 볼 수 없는 경지를 드러낸 말]를 소납이 언급한다는 것이 어불성설이지만, 반야의 지혜광명이 항상 빛을 발하고 있는 상황을 묘사하고 있는 대답이라는 생각이 듭니다.

우리가 크게 한번 죽어서 아를 넘어뜨릴 때, 그래서 분석적 지성에 종말을 고하는 순간 반야광명이 빛나게 됩니다. 조주 선사가 "밤에 다니는 것은 허락하지 않으니 날이 새거든 오라."라는 대답에는 이렇게 '지성에 종말을 고한 뒤'에 반야광명의 삶이 있어야 함을 말한 것이라는 생각이 듭니다.

이와 같이 본성을 깨달아서 얻은 세계에서 생긴 안목이 반야인 까닭에 반야는 대상을 안다는 뜻이 포함되어 있습니다. 그래서 반야와 더불어 같이 생각하지 않으면 안 되는 것으로 알음알이[識], 즉 분별식(分別識)이라는 말이 있습니다. 이것은 자기를 중심으로 해서 무엇인가 대상을 만들어서 분별하는 인식작용입니다. 이것은 깨닫지는 못한 성품이기 때문에 무분별지(無分別智)는

진리란 무엇인가?

아닙니다만, 이것이 한번 변화를 거쳐서 반야의 지혜가 되면 아주 다른 경계로 들어가게 됩니다. 가령 바깥의 사물을 인식하는 작용을 불교에서는 눈·귀·코·혀·신체·마음이라고 하는 여섯 가지 감각기관이 형상·소리·냄새·맛·감촉·마음의 대상에 접촉하여 인식하는 작용을 총칭하여 알음알이[識]라고 부르는데, 이 여섯 가지가 한 번 뒤집혀 변하면 묘관찰지(妙觀察智)가 됩니다.

우리들 일상의 의식이라는 것은 그것만으로 충분한 역할을 합니다. 그러나 사람의 의식이라는 놈은 반야의 지도(指導)나 인도(引導) 없이는 실제로 독립은 안 됩니다. 언젠가는 수많은 번뇌로 끝이 없는 미로 속으로 휘말려 들어가게 합니다. 예를 들어 눈으로 형상이나 색깔을 볼 때, 생긴 그대로 보지 않고 좋다, 싫다, 깨끗하다, 더럽다, 갖고 싶다, 미운 사람에게 주고 싶다 등등 온갖 생각과 번뇌로 혼란을 겪게 됩니다. 그렇다고 해서 반야가 분별식을 흔적까지도 없앨 수는 없습니다. 단지 분별식이 반야의 거울에 비춰져서 스스로의 모습을 분명하게 발견함에 의해서, 스스로 작용해야 할 장소를 명료하게 이해해서 받아들이는 것입니다. 때문에 분별식과 반야를 각각으로 생각해서 대상적으로 분리시키는 것은 착오를 일으키는 원인이 됩니다. 가령 눈의 작용만으로 설탕과 소금을 완전히 구별하기는 어렵습니다. 그러나 여기에 묘관찰지가 힘을 보태면 두 물질의 구분이 확실해집니다.

이렇게 분리의 대립은 분별식 면에서 말하는 것으로서 반야의 무분별지에는 없습니다. 그러나 거기에는 없는 것이지만 무분별은 분별 속에 들고, 분별은 무분별 속에 들어서 비로소 사물을 보고 적당한 사용처를 찾아서 활용하는 조용자재(照用自在)의 활동이 있는 것입니다. 분별만으로는 아무래도 막히게 됩니다. 이것을 타개하는 길은 대사일번 외에는 없습니다. 그래서 반야의 지(智)는 무지(無知)의 지(知), 무분별의 분별, 무념(無念)의 염(念)이라고 하는 것입니다. 또한 무념무상(無念無想)이라고도 무아무심(無我無心)이라고도 합니다. 이것은 보통 심리학 등에서 말하는 무의식 또는 의식하(意識下)라고 하는 것과는 크게 다르다는 것을 잊어서는 안 됩니다.

『금강경오가해』에는 야보(冶父) 선사의 다음과 같은 노래가 있습니다.

천 척의 낚싯줄 곧게 드리우니[千尺絲綸直下垂]
한 물결 겨우 일어남에 만 물결 따라 일도다[一派纔動萬波隨].
밤 고요하고 물 차가워 고기도 먹지 않으니[夜靜水寒魚不食]
배에 가득 허공 싣고 달빛 아래 돌아오도다[滿船空載月明歸].

야보 선사는 "불성(佛性)이라는 본성은 깊고 깊은 오온(五蘊)의 바다에 있어서 대자비로써 끌어내기 위하여 천자의 실을 드리웠는데, 대자비의 문을 한번 열므로 무진법문이 이로부터 시작된

진리란 무엇인가?

다. 그렇지만 무명의 긴 밤은 고요하고 마음의 물은 본래 청량하여 청정한 묘각의 성품은 대비의 교화를 받지 않는구나. 중생이 이미 교화를 받지 않는다면 부처도 또한 세상에 머무를 일이 없어서 밑 없는 배를 타고 대지월(大智月)에 머물 수밖에. 비록 그러하나, 잘못 알고 염려하여 오랜 세월 공연히 낚시를 드리웠다고 말하지 말라. 지금 배에 가득하도록 낚아서 돌아가고 있다."라고 읊조리고 있습니다. 본성을 깨달아서 얻은 세계에서 노니는 선사들의 무심의 마음을 짐작케 하는 노래라고 생각합니다. 어려운 학술상의 언어보다도 이러한 은유적 표현 속에 오히려 무분별의 분별적 소식을 엿볼 수 있습니다.

앞에서 무념무상, 무아무심이라는 말을 썼습니다만, 우리 대한민국의 국민 중 90% 이상이 한글세대가 된 지금 '무심(無心)' 또는 '무념(無念)'이라는 한문으로 된 말을 순수한 우리말로 표현하는 방법을 여러 모로 생각했지만, 결국 종래대로 무심이라는 한자를 능가하는 말을 찾아내지 못했습니다. 무심의 참된 의미를 알기 위해서는 각자가 노력하는 길밖에 없다는 생각이 듭니다.

결국은 무의식적 작용이기는 하지만, 이 무의식은 분별식상에서 본 곳이 아니고, 깊고 깊이 파내려가서 형이상학적 무의식의 경지라고 해도 괜찮을까, 또는 본성적 직각(直覺)이고, 분별적 지성 또는 의식적 오성(悟性)의 흔적의 그 무엇도 머물지 않는 곳입니다. 결국 이지(理智)가 한계에 도달할 때 그 경계선을 결연히 뛰어넘어서 처음으로 얻어지는 경험 사실입니다. 의식면과 무의식 면을 함께 훌훌 털어버리고, 아뢰야식(阿賴耶識)의 암흑을 일도양 단한 곳에서 보여 지는 경험 사실입니다. 무념 또는 무심을 이 점 에서 찾아내게 되면, 우리들이 평소에 움직이고 있는 장소는 불 교가 보고 있는 곳과는 엄청난 거리가 있는 것에 생각이 미치게 됩니다.

다시 말하면 자신의 경험이기 때문에 타인의 설명을 듣고는 결 코 그 자리를 볼 수가 없습니다. 그래서 반야는 불가사의라고 말 하는 것입니다. 사의(思議)함은 분별하는 것, 분석하는 것입니다. 불가사의는 이것과 정반대인 것이기 때문에, 뭐라 해도 지성의 한 분야는 아닙니다. 소납의 생각으로는 불교는 물론이고, 참된 종교 는 전부 이 불가사의를 둘러싸고 언어를 희롱하는 것입니다.

거듭 말씀드립니다만, 무분별·무차별의 본성적 입장이나 처지 는 지성적 분별의 세계로부터 분리된 곳은 아닙니다. 만약 그것 이 분리되어 있는 곳이라고 한다면, 사람들의 지금의 생활과 아 무런 관련이 없는 것이 됩니다. 불교가 입이 닳도록 강조하는 것 은 차별과 평등이라는 모순된 개념의 자기동일성(自己同一性)입니 다. 그러나 이것은 일반의 논리적 사색에서는 체현(體現)한다는 것 이 불가능한 것도 사실입니다. 서로 간에 서로 용납이 안 되는 것 이 하나라고 하는 건 논리상에서는 터무니없는 억지 짓거리이기 때문입니다.

진리란 무엇인가?

불교는 무분별의 분별을 생각으로 그것의 옳고 그름을 가려내어서 납득시키려고 하는 것이 아니고, 일상의 경험에서 무분별이 분별 속에 스며들어 와 있는 것을 이해시키려고 하는 것입니다. 인간은 의식 속에서 가지가지로 분별을 합니다만, 이 분별은 실은 어느 것이건 절대 무분별 혹은 절대 무의식으로부터 나오고 있는 것을 깨닫게 하려고 하는 것입니다. 그리고 이것은 심리학적으로 경험하는 것이 아니고, 본성을 보고 바로 깨닫는 것[直覺]입니다. 무분별의 경지를 이해하는 것이 아니라 그대로 체득하는 것이라는 말입니다.

갑(甲)과 비갑(非甲)이 동일(同一)하다는 것은 분별상의 일은 아닙니다. 완전히 반야 자체가 되어버리면 주인[主]도 없고 손님[賓]도 없으며, 깨닫는 것[能覺]도 없고 깨달아지는 것[所覺]도 없습니다. 그러나 그렇기 때문에 있는 일체가 모두 분명하고 분명한 것입니다. 무분별의 분별인 것입니다. 분별의 무분별인 것입니다. 이것은 뭐라고 해도 이성과 지식으로 생각해서 알아지는 경지는 아닙니다. 불교의 깨달음을 이해하고자 할 때는 이 구경지(究竟智)에 한 번 도달해서, 절대로 서로 용납될 수 없는 것이 그대로 자기동일성을 가지고 있는 것을 밝혀내지 않으면 안 되는 것입니다. 이것을 '본성적 직각'이라고 합니다. 종래의 불교식으로 말하면 득오(得悟)·개오(開悟)·체현(體現)·득보리(得菩提)·반야의 개발·정토왕생 등이 여기에 해당한다고 할 수 있습니다. 또한 다른 종교에서 '다시 태어난다[重生].'라는 말을 하는데, 이 경지를 두고 하는 말입니다.

지금까지 한 말을 좀 더 실제적으로 말씀드려 보겠습니다. 불교라는 종교는 인간으로 하여금 알몸뚱이가 되는 것을 요구합니다. 사람들은 대개 일상에서 가지가지 물건을 자기 몸에 붙이고 살아갑니다. 그렇다 해서 그 붙인 물건이 전부 자신에게 본래 소속된 것은 아닙니다.

가령 사람들은 옷을 입고 있습니다. 이것은 원래 추위를 막기 위해서입니다만, 그것이 그것 이외의 의미를 갖는 것으로 되었고, 급기야 자기를 자기가 아닌 것으로 만드는 물건처럼 되었습니다. 사람이 사는 집도 마찬가지로 거주(居住)라는 본래의 목적 이외의 물건이 되었습니다. 사람들의 부(富)라든가, 사회적 지위라든가, 정치적 권력이라든가 하는 것을 과시하는 물건이 되었습니다. 그리고 이 권력·지위·재산이라고 하는 것도 본래부터 자기의 물건은 아닙니다. 부속물입니다. 그런 것이 아무리 많아도 그것으로 인해 자신의 참된 가치가 단 한 푼도 늘어나지는 않습니다.

언젠가 죽음의 문턱에 설 때는 이 신체조차도 미련 없이 버리고 가야 합니다. 오직 본성적 자각을 한 사람만이 밖에서 오는 모든 것에 사로잡히지 않습니다. 적나라(赤裸裸)·정쇄쇄(淨灑灑)라고 합니다만, 이것이 차별을 떠나고 분별을 몽땅 버린 모습입니다. 옷도 집도 사회도 인간생활이지만, 인간 본래의 모습을 보려

진리란 무엇인가?

면 한 번 본성의 명경(明鏡) 앞에서 일체를 획 던지고 떠나서 서서 보지 않으면 안 됩니다. 이때 처음으로 유불여불(唯佛與佛), 즉 오직 부처만이 부처를 알 수 있다는 부처님 말씀의 참 뜻을 알 수 있습니다.

불교의 근본 뜻은
대상계를 초월하는 것

평등과 차별

　우리 사회는 서구의 평등사상이 구호적(口號的)일지 모르나 보편화되었고, 따라서 수천 년 동안 여성을 짓누르고 있던 남존여비(男尊女卑) 사상도 남녀평등이라는 보편적 가치 앞에 항복을 했습니다. 때문에 각종 산업현장과 교육계, 언론계는 물론 스포츠에서도 여성은 남성에 뒤지지 않는 역할을 할 수 있게 되었습니다. 요즘 신문지상에 오르내리는 내용을 보면서, 우리 사회의 남녀평등(男女平等) 사상이 평등이라는 말의 근원적인 의미를 잘못 알고 있다는 생각이 들 때가 있습니다. 즉 근래에 여성계의 몇몇 인사들이 주장하는 남녀평등이 삼강오륜(三綱五倫)의 한 덕목인 부부

유별(夫婦有別) 같은 말을 잘못 이해하여 그러한 생각을 철폐해야 할 구습으로 매도하고 있지는 않는가 하는 의구심이 든다는 말입니다.

『금강경오가해』에는 "평등이라 함이 어찌 산을 깎아서 연못을 채우는 것이며, 학의 다리를 잘라 오리 다리에 이은 연후에라야 그렇게 되는 것인가. 긴 것은 긴 것에 맡기고 짧은 것은 짧은 데 맡기며, 높은 곳은 높은 데 맡기고 낮은 곳은 낮은 데 맡김이 평등이다."라는 함허득통(涵虛得通; 1376~1433) 선사의 말이 있습니다. 무조건적인 동등(同等)이 아니라 온갖 사물의 유별(有別) 즉 각기 다름 속에 참된 평등이 있음을 적시한 말입니다. 이 함허 선사의 말은 시사(示唆)하는 바가 매우 많습니다. '평등과 차별이라는 모순을 어떻게 극복할 것인가?'라는 문제의 해답을 제시하고 있기 때문입니다.

본성계와 지성계, 무분별과 분별, 여기에서는 인간과 새라는 무분별의 본성계와 남자와 여자 혹은 오리와 학(鶴)이라는 분별의 지성계가 대표하고 있습니다. 차별계부터 말씀드리자면, 이것을 지배하는 법칙이 있기 때문에 아무래도 이것을 준봉(遵奉)하게 되어 있습니다. 소나무는 소나무고, 대나무는 대나무지, 대나무가 소나무가 되지는 않습니다. 산은 높고 물은 길며, 버들은 푸르고 꽃은 붉어서 각각 그 자리를 지키고 있습니다. 또 이것을 사회구성상에서 말하면, 남녀의 관계가 무엇인지에 대한 의미 부여

를 합니다. 동물의 세계에서도 마찬가집니다. 인간의 경우에는 남
자는 남자대로 여자는 여자대로 다른 특성이 있습니다. 새의 경
우에는 오리는 오리로서 짧은 다리로 헤엄을 치면서 살아가고 학
은 학대로 긴 다리로 서서 먹이를 찾아먹고 살아갑니다. 이처럼
지성의 지배를 받는 남녀라는 분별세계에 인간이라는 무분별을
함부로 틈입(闖入)시키거나 새라는 무분별의 세계에 오리와 학이
라는 분별을 함부로 대입시켜 학의 다리를 잘라서 오리 다리에
붙여서 크기를 같게 하고자 할 때는 새 두 마리가 다 죽게 됩니
다. 세상이 온통 무질서가 됩니다.

함허 선사는 차별 즉 평등, 평등 즉 차별이라는 곳에서 부사의
(不思議)를 말하고 있는 것입니다. 오리의 짧은 다리와 학의 긴 다
리는 상관적·대상적이어서 차별 속을 나오지 못합니다. 이에 비
하여 학과 오리를 평등하게 대하는 새라는 절대성(絶對性)의 부사
의이기 때문에 사의억측(思議臆測), 즉 지성적 분별을 받아들일 여
지는 없습니다. 마찬가지로 유교의 부부유별 같은 말은 상관적·
대상적이어서 차별 속을 나오지 못합니다.

이에 비하여 남녀를 평등에서 대하는 인간이라는 절대성의 부
사의이기 때문에 생각으로 따지고 계산하는 지성적 차별을 받아
들일 수가 없는 것입니다. 사용된 문자는 같다고 해도 이것을 뒷
받침하고 있는 마음은 하늘과 땅 차이입니다. 사람들이 자신이
인간이라는 절대성의 입장을 버리지 않는 한 남녀의 평등과 차별

을 둘러싼 논쟁은 끝날 날이 없을 것입니다.

만법(萬法)과 짝하지 않는 것

『방거사어록』에 기록되어 있는 것인데, 석두희천(石頭希遷: 700~790) 선사 밑에서 깨달음을 얻은 방거사가 어느 날 마조 선사를 참견(參見)하고, "일체의 존재와 상관하지 않는 자, 그것은 어떤 사람입니까?"라고 여쭈었습니다. 여기에서 '일체의 존재와 상관하지 않는 자'란 '분석할 수 없는, 대상이 끊어진 것'이라는 뜻입니다. 그러나 다른 한편으로는 만인과 짝하지 않는 것은 실로 만인과 짝한다는 것입니다.

평등 즉 차별입니다. 무분별의 분별입니다. 단지 이것만으로는 너무 알기가 어렵습니다. 좀 더 가까이 바짝 다가가서 그 절대자라고 하는 것의 당체는 무엇이냐고 묻지 않으면 안 됩니다. 그것은 방거사 자체입니다. 마조 선사 자체입니다. 이렇게 말씀드리는 이 소납(小衲) 자체입니다. 정말이지 수많은 절대자라고 말할 수 있습니다. 무수의 절대가 그것으로부터 나오는 것입니다. 분별이 그대로 무분별, 평등이 그대로 차별입니다.

방거사가 마조 선사에게 이렇게 여쭙는 이유는 자신의 수행 체험에서 얻은 무분별의 세계를 다시 한 번 확인하는 데 있었다고 여겨집니다. 현상계의 분별과 차별의 소굴을 나오는 것은 일조일석(一朝一夕)에 되는 일이 아닙니다. 방거사의 물음에 마조 선사는 "자네가 저 서강(西江)의 물을 한 입에 다 마시고 나면[一口吸盡西江水], 그때 그것을 자네에게 말해 주겠다."라고 대답했습니다. 그리고 마조 선사의 말이 끝나자마자 거사는 홀연히 불법의 현묘한 이치를 깨달았습니다.

방거사가 묻고 마조 선사가 답하는 이 대화 속에 불교의 근본 뜻인 대상계를 초월하는 비결이 들어 있습니다. 이 세계는 지성적 분별과 정념적(情念的) 혼란의 세계이기 때문에, 한번 이것에서 나오지 않는 한 본성적 직각을 체득해서 절대경지(絶對境地)에 몰입하는 일이 되지 않습니다. 그렇다고 해서 절대경지를 분별의 상태와 대항시켜서는 안 됩니다. 그러한 대항은 역시 분별적 이원(二元)의 경지를 여의지 못하는 것이 되기 때문입니다. 이것은 우리들이 늘 빠지기 쉬운 함정으로서, 무엇이든지 대상을 '여의고 나오라'고 하면 그 대상에 또 새로운 '여의고 나오라'고 하는 대상을 두는 짓이 되는 것입니다. 그것은 절대를 도리어 상대에 끌어내리는 짓으로서, 그렇게 되면 그 위에 또 무엇인가를 두지 않으면 안 되게 됩니다.

절대는 상대를 그대로의 절대가 되지 않으면 안 되는 것입니다. 상대 즉 절대, 절대 즉 상대라고도 하고, 또 하나가 곧 많음이고[一卽多] 많음이 곧 하나[多卽一]라고 하는 것이 바로 이 이치입

진리란 무엇인가?

니다. 이 세계에 있어도 안 되고, 이 세계를 여의어서도 안 된다고 하는 것이 되면, 그럼 어떻게 해야 좋은가라고 말해지겠지요. 이 것이 논리의 수수께끼입니다. 그리고 인생의 고뇌입니다. 이 고뇌 가 그대로 해탈입니다. 그러나 그것은 아무래도 단순한 핑계에서 해소되지 않는 것이기 때문에, 마조 선사는 '자네가 저 서강의 물 을 한 입에 다 마시고 나면'이라고 답하고 있는 것입니다.

아무리 논리의 근본을 바르게 해도 다만 그것만으로는 만법과 짝하지 않는 그놈은 붙잡아 볼 수 없고, 쓸모없는 언어를 허비하 기보다는 그 자리를 바로 보여주는 것입니다. 만법과 짝하지 않 는 그놈은 이미 만법과 짝할 수 없는 것이기 때문에, 차별 가운데 는 없습니다. 또 분별상의 사항도 아닙니다. 그렇지만 그러한 것 을 여의었다고 하면 애당초 우리들의 화제는 되지 못하는 경우가 됩니다. 그런 까닭에 절대는 상대 위에 있더라도 또한 그 속에 있 지 않으면 안 되는 것입니다.

마조 선사와 방거사의 법담에서도 알 수 있듯이, 불교의 핵심을 요해(了解)하고자 하면, 일단은 지성의 영역을 일탈(逸脫)하지 않으 면 안 됩니다. 지성은 분별을 그 생명으로 하는 것이기 때문에 무 엇이든 두 개로 나누지 않으면 동의하지 않습니다. 그런데도 지금 요구되고 있는 것은 절대의 하나이기 때문에 무언가 지성 이외의 어떤 것이 작용하지 않으면 안 됩니다. 그러나 이 하나는 둘 또는 다(多), 즉 차별계에 있는 것의 요구이기 때문에 이 차별계를 여의어서는 안 되는 것입니다. 그러나 하나는 둘에 대한 하나가 아니고 둘 외에 하나가 있으면 그 하나와 둘이 대립해서 새로운 둘이 되어버리니, 하나는 이미 절대는 아닙니다. 하나는 둘을 여의어서는 안 되지만, 또한 그 속에 있게 되는 경우도 아닙니다.

때문에 즉(卽)해서 여의지 않고 여의어서 즉하지 않는다고 하는 것이 되지 않으면 안 됩니다. 이것이 무분별의 분별, 분별의 무분별입니다. 또 분별이 무분별이고, 무분별이 분별이다라고 말해도 좋은 것입니다. 이것은 지성적 분별을 거부한다는 그런 뜻은 아닙니다. 무분별의 분별이라고들 말하면 지성의 초절(勦絕)처럼 생각하지만 나타내고자 하는 속뜻은 그것이 아닙니다. 이 논리의 전개는 일단 지성을 부정하고 그것을 초절할 때, 비로소 지성을 움직이고 있는 것의 근원에 도달한다고 하는 것입니다. 부정은 초절의 뜻, 초절은 곧 구경(究竟)이라는 뜻입니다. 지성적 분별은 단지 분별하기만 하는 것이 아니고, 그 분별 위에 분별을 거듭하여 칠중팔중(七重八重)으로 그 몸을 얽어매는 것입니다.

이것에서 벗어나지 못하면 자유의 몸이 되지 않습니다. 이것을 본성적 행위의 면에서 말하면, 대사일번(大死一番)해서 목숨이 끊어진 후에 다시 숨이 되돌아온다고 하는 경험이 없으면, 불교는 알 수 없는 것입니다. 그리고 이것은 신앙입니다. 생각하고 따지는 분별 속에는 참된 불교가 있을 수 없는 것입니다. 모순의 해소, 분별과 무분별의 자기동일(自己同一), 이것은 신앙을 통해 가능해집니다. 이 신앙은 이원성(二元性)의 물건이 아니고, 개인적 체험에서 나오는 것으로 일원성(一元性)의 물건입니다. 반야의 일척안(一隻 眼)이 점 찍혀진 곳입니다.

무차별·무분별의 본성적 직각(直覺)

『승만경(勝鬘經)』에는 여래장(如來藏)이라는 것이 설시되어 있습니다. 여래장이 무량의 번뇌장(煩惱藏)에 얽히고 묶여서 속박당하고 있으면서 동시에 그 속박에서 벗어나 있다는 것입니다. 여래장이라는 것은 무차별·무분별의 절대청정(絶對淸淨)의 자리이고, 번뇌장이라는 것은 분별·차별·망상의 대상계입니다. 이 두 개는 그 성격상 서로 용납되지 않는 것이기 때문에 깊이 생각하고 분별하는 곳에서는 이것을 하나로 하는 것은 불가능합니다. 그런데도 경전에서는 정(淨)과 부정(不淨), 청(淸)과 탁(濁)이 여래장 속에서 하나가 되어 있고, 그리고 그 여래장이 본래청정(本來淸淨)하다고 하는 것입니다. 이것은 불가사의라고밖에 말할 수 없습니다.

그러나 분별이 곧 무분별이라고 하는 자기 동일의 논리, 즉 본성적 직각의 입장에서 보면 여래장이 그 본래청정성을 잃지 않고서 번뇌장에 얽히고 묶여서 속박당하고 있다는 것을 알 수 있습니다. 이것은 알고 생각할 수 있는 곳이 아닙니다. 본성적 직각의 분야라고 하는 것이기 때문에 이것을 신(信) 또는 신앙이라고 하는 것입니다. 신앙과 지식의 문제는 꽤 성가신 문제로 되는 수가 있습니다. 그것은 사람들 다수는 본성적 영역에 한 발자국도 들어가 본 적이 없기 때문에 부사의라든가 신앙이라든가를 말하면, 대상적·분별적으로 생각합니다. 그렇지만 그것은 아닙니다. 부처님의 지견[佛知見]이 생겼을 때 비로소 저절로 믿음이 생기는 것입니다. 합리성으로서 굳어진 두뇌 속에는 부사의(不思議)는 불현듯 번쩍여 오지 않습니다. 좀 더 사실적으로 말하면 이것은 인간들 자신의 노력으로 구해서 얻어지지 않는 것입니다.

천고자연명(天鼓自然鳴)이라는 말이 있습니다. 하늘의 북이 스스로 소리를 낸다는 뜻입니다. 자신으로부터 스스로 온다는 것입니다. 즉 그것은 본래 우리들의 마음속에 있는 그것과 함께 작용하고 있는 것입니다. 사람들은 인간적 지능의 힘으로써 도리어 그것을 사람들의 바깥에 두고 자신들에 대해서 맞서는 물건이라고 생각하고 있는 것입니다. 그리고 또 이 지능의 힘을 극도로 작용시켜서 그것을 붙잡으려고 하는 것입니다. 그러나 부사의는 그러한 순서로 나타나는 물건이 아니고, 이 지능을 깡그리 죽여 버리지 않고는 안 되는 것입니다. 그리고 우리들의 지성이 과연 깡그리 죽여졌는가, 어떤가 하는 것은 스스로 본성에 눈이 떠지는 순간 알아지는 곳입니다. 아집 분별의 생각은 나라는 생각[人間我]이 있는 한 뿌리째 없어지지 않는 것입니다.

진리란 무엇인가?

기묘하다고 하면 그렇기도 합니다만, 오히려 자연(自然)이라고 해서 좋다고 생각합니다. 인간들의 일상은 분별계에서 살아 숨 쉬는 일이기 때문에 무슨 일이든지 지성적으로 시험해서 그 권위를 인정받고 더 이상 없다고 합니다. 지성적 분별로써 알 수 없는 것은 무가치한 것이라고 하여 내버리려고 합니다. 불교는 물론이고 다른 종교도 이 점에서는 같은 생각으로 받아들이고 있지만, 이 버려진 것은 언젠가 다시 줍지 않으면 안 되는 시절이 오기 마련입니다. 그리고 줍는다고 해도 그것은 밖에서 오는 게 아니고, 원래 여래장 속에 감추어져 있던 물건입니다. 그래서 한 번 그것이 발견되면 지금까지 더럽혀진 번뇌의 세계라고 생각하고 있었던 물건이 본래의 모습을 바꾸지 않고서, 그대로 자신의 내면에 비쳐온다고 하는 것이 됩니다.

'새가 지저귄다', 여기에 부처의 음신(音信)이 들립니다. '종이 울린다', 여기에 부처의 소리가 있습니다. '산이 솟는다', 여기에 부처의 위용이 보입니다. '부처님은 금바라화를 들고 마하가섭은 미소를 짓는다', 이것이 무슨 연유인가, 양자 모두 이미 부처의 정토 속의 사람이기 때문입니다. 그리고 이 정토에는 누구라도 갈 수 있는 곳이고, 또 이미 벌써 그 가운데의 사람인 것입니다. 여기에서는 개념화 같은 것을 할 여가가 없습니다. 아는 이는 알고, 보는 이는 보는 것입니다.

『금강경오가해』에서 야보 스님은 이렇게 노래하고 있습니다.

고요한 밤 산당에 말없이 앉았으니[山堂靜夜坐無言]
적적하고 요요함이 본래 그대로라[寂寂寥寥本自然].
무슨 일로 서풍은 임야를 움직여[何事西風東林野],
추운 밤 외마디 기러기 소리 먼 하늘을 울리는가[一聲寒雁唳長天].

　　고요한 밤 깊은 산중 작은 암자에 홀로 앉아 있는 그것이 무분별의 분별세계에서 비로소 요해되는 곳입니다. 보통의 세계에서는 추운 밤 외마디 기러기 소리가 세상 전체를 움직인다는 것을 알지 못합니다. 누군가가 꽃을 들어 보이니 다른 누군가가 미소를 짓습니다. 보통 사람들은 무슨 일인가 알지 못하는 게 상궤(常軌)입니다. 그러나 그 사이에는 무언가의 의미가 있습니다. 그리고 그것은 양자의 사이에 서로 통하는 것이 없어서는 안 되고, 따라서 그것은 합리성이라는 면에서는 있을 수 없는 일입니다. 가섭의 미소는 그것이 존재의 아주 깊은 곳으로부터 나온 것이 아니어서는 안 되는 것입니다. 즉 우리들의 낱낱 모든 것이 그 근원으로서 있는 곳에서 나온 물건인 것입니다.
　　언어문자로는 여기까지는 이르지 못합니다. 인간의 지성적 한계를 넘어선 곳이기 때문입니다. 보통 사람들의 미소는 감성적·정성적 심리상태에서 나옵니다. 그러나 그 웃음은 의식의 표면에 거품처럼 나타나서는 또 꺼져버리는 것입니다. 그러나 가섭의 미소는 새의 미소, 꽃의 미소, 추풍고엽(秋風枯葉)을 흔드는 미소, 물결을 치면서 흐르는 미소입니다. 촉목시도(觸目是道), 즉 '눈에 보이는 이 모든 것이 바로 도'라는 말의 의미를 누가 묻자, 선사(禪師)는 옆에 있던 개를 걷어찼습니다. 개는 '깨갱' 하고 비명을 지릅니다. 이 비명도 또 가섭의 미소와 통하는 것이 아닐까요? 아는 사람들 사이에서는 무언(無言)으로써 됐지만, 모르는 사람은 천만 가지 말[千言萬語]도 아무런 도움이 되지 못합니다.

절대 그 자체가 홀연히 나타나다

존재의 비밀을 탐색해 들어가는 것, 생사의 형무소로부터 탈출하는 것, 대상계를 초월해서부터 거기에 무엇이 있는가를 보는 것, 이러한 소식에 접해보기 위해서는 한 번은 본성적 직각의 경지를 통과하지 않으면 안 됩니다. 그것은 한 생각 속에 만 년[一念萬年]의 세계, 한 털구멍에 대천세계를 받아들이는 세계입니다. 『법화경(法華經)』에는 "생각을 다해서 헤아리려 해도 부처의 지혜는 측량할 수 없다."라고 설시하고 있습니다. 부처의 지혜란 본성적 직각입니다.

그래서 이 경 「여래수량품」에서는 "내 성불한 이래 아주 먼 오랜 세월이고, 수명은 한량이 없어서 아승지겁(阿僧祇劫)이며, 상주

불변(常住不變)하다."라고 설시되어 있습니다. 역사적으로 보면 석가모니불이 정각을 성취한 것은 29세 때 니련선하(尼連禪河)의 강둑에 있는 보리수 아래에서, 지금으로부터 2500여 년 전후의 일입니다. 연대에는 다소의 상위(相違)가 전해지고 있지만, 성도(成道)는 일정한 시각에 일정한 장소였습니다. 그럼에도 불구하고 이 사실이 백천 만 겁의 옛날에 있었다고 하는 것, 그리고 또한 지금도 영산회상(靈山會上)에서 그 당시처럼 설법을 계속하고 있다는 것이 경전에 설해져 있습니다. 본성적 직각 차원에서 말하면, 석가모니가 실로 지금도 그와 같이 하고 있다는 것은 의심의 여지가 없습니다. 그리고 우리들도 또 그 많은 제자들 가운데에 섞여서 그것을 듣고 있는 것입니다.

『선요(禪要)』에는 "종일 옷을 입되 일찍이 한 올의 실도 걸친 적이 없으며, 종일 밥을 먹되 일찍이 한 톨의 쌀도 먹은 적이 없다."라는 말이 있습니다. 이 말에 대하여 일본의 대등 선사는 "억겁(億劫)에 서로 떨어져 있으면서 수유(須臾)도 서로 여읜 적이 없고, 온 종일 서로 마주 대하면서도 찰나도 서로 마주 대한 적이 없다."라고 설명했습니다. 또한 서산(西山; 1520~1604) 대사는 자신의 영정(影幀) 앞에서 "80년 전에는 저것이 나이더니, 80년 후에는 내가 저것인가?"라고 쓴 뒤 입적했습니다. 이 모두는 고따마 붓다가 「여래수량품」에서 열어 보이고 있는 곳과 다름이 없습니다.

보통 분별상에서 보면 역사상의 사실과 종교적 믿음 또는 본

진리란 무엇인가?

성적 직각은 절대 모순이기 때문에 결코 서로 용납되지 않습니다. 인도의 영산회상이 지금 서울의 남산 근방에 옮겨져 왔다고 하는 것은 도저히 상식적으로는 믿어지지 않는 것입니다. 이런 종류의 모순이 지성상 문제만으로 해결된다면 특별히 염려하지 않고 끝내는 사람도 많이 있을 겁니다. 그렇지만 그것은 지성에서만이 아니고, 사람들의 성정(性情) 속에도 스며들어 옵니다. 이렇게 되면 모순이라는 놈이 공포(恐怖)·고뇌(苦惱)·근심걱정 등과 같은 형태로 나타납니다. 일반적으로 사람들은 지성과 성정은 별개의 물건이라고 생각하는 버릇이 있습니다. 그러나 사실은 그렇지가 않습니다. 성정이라는 배후의 힘이 없으면 지성은 쇠퇴하고 결국은 침몰합니다. 그것으로부터 나아가 성정 그 자체가 또한 정체하고 답답하며 막히게 됩니다.

그렇지만 종교적 믿음과 본성적 직각의 모순이 해소되어서 지견이 명료해지고, 투철한 분위기를 만들어내면 성정은 근심과 괴로움 속에 잠기는 일이 없어집니다. 신경만 날카로워져서 무슨 일이 벌어져도 초조한 생각에 시달리는 그런 일이 없어집니다. 환경에 대해서 평화로운 순응성이 얻어집니다. 지적 통찰력이라고도 해야 할 물건이 이 단계까지 높아지면 이미 그것은 분별성을 초월한 것이 됩니다. 무분별의 분별이라는 것이 됩니다. 절대 그 자체가 이 대상적 의식 속에 별안간 나타난다고 하는 것이 됩니다. 불교에서는 또 이것을 두려움이 없는[無畏] 경지, 관세음보살에 의

해서 주어지는 것이라고도 합니다. 그래서 관세음보살의 별명으로 시무외자(施無畏者)라는 말이 있습니다.

불가사의(不可思議) 해탈

서로 용납되지 않는 것의 자기 동일, 다시 말하면 분별의 무분별이라는 문제는 무엇인가를 생각하는 사람들에게 있어서는 받아들이기가 쉽지 않은 문제입니다. 하지만 그럼에도 불구하고 이것만큼 근본적인 것은 없습니다. 이것을 무언가의 의미로써 해소하면 그 외는 칼로 무를 베듯 즉시 풀리게 됩니다. 그래서 승속을 막론한 불자들은 이것의 해소를 향해서 모든 정신을 기울여서 독특한 방식을 만들어내게 되었습니다. 그것은 불가사의 해탈이라는 것입니다. 무심 또는 무념이라고 해도 좋은 것입니다. 지성적인 언어의 표현방식에서는 지혜의 눈을 뜨는 것입니다. 모순 그 자체의 한 가운데에 뛰어드는 것입니다. 왜 손을 손이라고 하는가? 손에서 어떻게 해서 소리가 나는가? 이것을 밖에서 바라보지 않고 그 물건 속에 들어가면, 즉 그 물건 자체가 되면 문제는 없어집니다.

그렇다면 어떻게 해소되는가 하면 무해소의 해소입니다. 불사량의 사량(思量)입니다, 역시 논리나 사색의 권 내에는 들어오지 않는 것입니다. 그것이 불가사의 해탈입니다. 선사(禪師)들은 능란하게 이 핵심을 설파하고 있습니다, 즉 선사들은 '산은 산이 아니고, 물은 물이 아니며, 부처는 부처가 아니다'라고 말합니다. 그래서 이유가 무엇이냐고 물으면 '산은 산이고 물은 물이다, 부처는 부처다'라고만 말할 뿐, 이것에 한 마디의 분별적 설명도 보태지 않습니다. 「제1장」에서 말씀드린, 『금강경』에서 설시하고 있는 "반야바라밀이 곧 반야바라밀이 아니라, 이 이름이 반야바라밀이다."라는 법문은 선승(禪僧)들의 말보다 선취(先取)된 것입니다.

　고따마 붓다가 붓다가야의 보리수 아래에서 2500여 년 전에 깨달음을 열었다고 하는 것은 역사상의 사실이라고 말합니다만, 이 소위 역사라는 것은 지성면에서의 말입니다. 지성에서는 시간을 몇 년이라든가 몇 시 몇 분이라든가 하는 것으로 쪼개서 과거·미래·현재를 감정합니다. 또 공간도 마찬가지로 한국이라든가 중국이라든가 유럽이라든가 쪼개서 말합니다. 그리고 갖가지 '역사적' 사실을 이야기합니다만, 시간 그 자체에 관해서는 관심을 갖지 않고 있습니다. 실제로는 인간은 시간도 공간도 초월한 역사를 살고 있는 것입니다. 이것이 살아 있는 역사입니다. 본성적 직각의 세계는 이 시간과 공간을 뛰어넘는 역사를 만들어 냅니다. 종교는 여기에 있습니다.

　그러나 무분별의 세계에서는 시간은 분할되지 않는 그대로의 시간입니다. 핑계가 들어올 수 없는 장소이기 때문에, 소위 역사적 사실인 것은 의의(意義)가 없는 것이 됩니다. 이것을 선사들의 언어로 말하면 '우리들 두 사람은 억겁(영원)을 통해서 아직 한 번도 만난 적이 없지만, 그러나 아직 한 번도 여읜 적이 없다는 것'이 되는 것입니다. 이런 일들은 분별성으로 지배되어 있는 인간들의 일상의 경험에서는 도달할 수 없는 경지입니다. 그래서 불교인은 지성적 시간의 역사가 만들어내고 있는 '사실'이라는 것에 마음을 빼앗겨 버리지 않도록 하면서, 비합리적이라고 생각되는 형식에서 그 견처(見處)를 피력합니다. 그리고 이 견처는 보통사람들의 사정과는 정 반대되는 입장입니다.

그렇다면 왜 이와 같이 비합리성의 경험 사실을 받아들이지 않으면 안 되는 것일까요? 그것은 모든 사람들의 평생의 입장에서 보면 모두가 근심걱정·두려움·공포 등으로 핍박만 받아왔기 때문입니다. 그리고 그것은 지성적 분별로 인하여 발생한 것이기 때문에 이 분별적 사고방식에서 벗어나지 않으면 마음의 평화는 얻어지지 않는 것입니다. 그러나 분별하는 마음을 척결하는 그러한 외과적 대수술은 결코 용이하지 않습니다. 산이 산으로서 솟아 있는데 산이 아니라든가, 산은 산이 아니기 때문에 산이라든가 하는 말은 단지 언어상의 유희로서 하는 말이 아닙니다. 그런 한낱 말장난식으로 생각하고 있는 것은 아직까지도 분별지의 얽어맴에서 벗어나지 못한 증거입니다. 이것을 완전히 이탈하지 않는 한, 우리들은 같은 장소를 무한히 왕복함에 다름 아닙니다.

진리란 무엇인가?

분별적 순환은 바로 삼계(三界)를 유전(流轉)하는 근본 원인입니다. 때문에 어떻게 해서라도 한 번은 존재의 근원 밑바닥에 뛰어내려서 몸소 거기에 있는 것을 보고 없애지 않는 한, 사람들의 공포와 근심걱정 등등은 제거되지 않는 것입니다. 그렇다고 존재의 근원이라고 해도 언제까지나 거기에 머물러 있어서는 안 됩니다. 거기에 한번 뛰어들어서는 또 바로 떠올라오지 않으면 안 되는 것입니다. 일부러 떠오르려고 노력을 하는 것이 아니고, 잠겨서 밑바닥까지 가면, 저절로 바로 떠오르게 되는 것입니다.

분별과 무분별은 전혀 별개가 아닙니다. 무분별 즉 분별입니다. 그렇다고 나누어짐이 없다고 하는 생각도 또 다른 분별입니다. 언어는 분별성의 소산이기 때문에, 언어에 사로잡히지 말라고 하는 것은 분별을 여의라고 말하는 것입니다. 그렇다고 해서 언어를 전부 버리고 끝내버린다는 것은 아닙니다, 언어는 언어로서 그 역할을 적당하게 완수해야 할 장소가 있습니다. 즉 언어에 의해서 언어의 속박을 여의는 것으로 됩니다, 분별지를 극복하는 기회를 불러일으키는 것은 분별지 그것에 다름 아닌 것입니다. 다만 이것을 이원적으로 또 그것을 피해서 나간다는 식으로 생각해서는 안 됩니다.

업보(業報)로부터의 해방

업사상(業思想)이란 무엇인가?

업(業)에 관해서 살펴보겠습니다. 흔히 인간은 고(苦)라고 합니다만, 이것은 업에 매여져 있다고 하는 말입니다. 아니 매여졌다고 하기보다도 실은 업 자체인 것입니다. 사람들은 업이라고 하면 나쁜 업만 생각하고 있습니다만, 업은 본래 행위라는 뜻이기 때문에 선(善)·악(惡)·선도 악도 아닌 업[無記]이 다 같이 업입니다. 업은 인간에게만 있는 것이라고 하는 말이 타당합니다. 다른 유정(有情)·비정(非情)에게는 업이 없습니다. 왜냐하면 그들에게는 선악의 가치에 대한 자각이 없기 때문입니다. 그들은 소위 자연의 법칙에서 본능적으로 행동하기 때문에, 인간들이 말하는 윤리적 행위를 갖고 있지 않습니다. 인간만이 자각을 가진 동물로서, 파스칼이 말한 '사유하는 갈대'입니다. 사유하는 것, 자각적으로 사유하는 것으로부터 사물을 보는 것, 적절히 조치를 취하는 것, 잇달아 생각해 나가는 것 등의 활동이 인간에게 발달해 왔습니다. 여기에서 인간이 자연법인 것에만 묶여지지 않고, 자기로부터 움직여서 나온다고 하는 것이 됩니다. 자기로부터 움직여서 나온다고 하는 것은 자기의 행위에 도덕적 평가를 가한다고 하는 의미가 됩니다. 그래서 업은 인간에게만 있는 것입니다. 인간은 이 세상에 태어나면 바로 업 그 자체로서 움직이는 것입니다.

그런데 업이란 어떤 의미를 가진 의론일까요? 사람들이 짓는 일체의 행위는 그것이 행해졌을 때에 반드시 과보(果報)를 끌어당기는 힘을 낳는데, 이것을 우리들은 업보라고 합니다. 그래서 사람들이 덕행(德行), 즉 이타적인 행위와 도덕적인 행위를 했을 때는 거기에 걸맞은 행복이 과보로서 나타나고, 반대로 악행(惡行)을 저지를 때는 불행의 운명을 맞게 됩니다. 이 덕행의 힘을 복덕 혹은 공덕이라 하는데, 그것은 극히 양적인 실체이기 때문에 금융기관의 예금에 비유해서 설명할 수가 있습니다.

우리들이 돈을 은행을 비롯한 금융기관에 예금을 하면 이자가 붙어 돈의 액수는 점점 많아집니다. 그리고 이 예금된 돈은 그 액수에 상응한 만큼의 행복을 예금주에게 약속합니다. 이처럼 사람이 공덕을 쌓는다는 것은 예금을 하는 것과 같아서, 그 힘은 개인의 운명과 행복을 결정하고, 악행 이외의 어떠한 것에 의해서도 방해받지 않습니다. 그러나 은행은 돈을 저축만 하는 장소는 아닙니다. 집이 없는 사람들을 위해서 융자를 해 주기도 하고 신용카드를 발급해 주기도 합니다. 또한 전화요금이나 전기세 등을 신청하면 자동적으로 예금에서 인출됩니다.

여기에서 저축된 금액보다 이용한 돈이 많았을 때가 생기고, 이때는 당연히 예금은 없어지고 빚만 남게 됩니다. 그리고 그 빚은 우리들을 압박해 오고, 어디에 도망가 숨더라도 찾아와서 변상을 요구합니다. 사람이 악행을 한다는 것은 말하자면 빚과 같은 것이어서 개인이 축적한 예금을 줄이는 역할을 하게 됩니다. 이와 마찬가지로 사람이 행위의 결과로서 행복과 재앙을 받는 것은 그 예금의 양에 엄밀하게 해당되어서 예금이 다하면 복도 다하고, 거꾸로 빚이 있는 한 죄의 추급(追及)을 면할 수는 없습니다. 바로 복업과 죄업의 경중이 행복과 재앙에 양적으로 대응하는 것을 보여주고 있습니다.

그러나 예금이라는 것에는 또 다른 성격도 있습니다. 예금에는 반드시 예금주가 있고, 금융실명제라는 것에 의해서 철저하게 본인의 확인이 있을 때 예금이 가능하고, 본인의 확인이 없는 예금은 있을 수 없습니다. 은행에서 융자를 받을 경우에도 예외가 없습니다. 융자를 받든 신용카드를 개설하든 거기에는 빌린 사람이 있습니다. 융자를 원하는 자가 확실하지 않으면 은행은 대출해

진리란 무엇인가?

주지 않습니다. 따라서 타인의 예금을 몰래 인출한다고 하는 것은 범죄에 해당되고, 자신의 빚 때문에 다른 사람이 시달리는 일은 있을 수 없게 됩니다.

이렇게 보면 예금이나 빚이라는 것에는 확실히 두 개의 성격이 있어 보입니다. 첫째는 예금과 빚은 행복과 불행에 양적인 필연성, 즉 물리적 필연성을 가지고 대응한다는 것입니다. 둘째는 예금과 빚이 초래하는 결과는 그 주인만이 필연성을 가지고 관계하는, 즉 주인에게만 화복(禍福)을 가져오고 타인에게는 관계없다는 자기 책임성입니다. 업사상은 자기가 심은 씨앗은 반드시 자기가 거두지 않으면 안 된다는 자기 책임성이 본질로 되어 있기 때문에 누구도 대신할 수 없다는 것입니다. 이렇게 사람이 지은 행위는 어떠한 경우에도 피할 수 없다는 업보사상(業報思想)은 초기경전인 『숫타니파타』를 비롯하여 많은 경에서 설하는 일관된 의론입니다. 이러한 법칙을 흔히 인과응보(因果應報)라고 하는데, 이 인과응보의 법칙에 관하여 『대지도론』「권 제25」에는 다음과 같이 설명하고 있습니다.

부처님께서는 일체 업상(一切業相)이라고 해서 업을 받는 삼처(三處)를 설하셨다. 즉 일체 중생에게는 과거에 지은 업을 과거에 받는 것, 과거에 지은 업을 현재에 받고 있는 것, 과거에 지은 업을 미래에 받는 것, 과거에 지은 업을 과거와 현재에 받는 것, 과거에 지은 업을 과거와 미래에 받는 것, 과거에 지은 업을 현재와 미래에 받는 것, 과거에 지은 업을 과거와 미래와 현재에 받는 것이 있으며, 현재의 업도 또한 이와 같음을 알라고 말씀하셨다.

그리고 선심(善心) 중에 선(善)·불선(不善)·무기(無記)의 업보를 받으며, 불선심(不善心)과 무기심(無記心)도 마찬가지라고 하셨다. 또한 낙업(樂業)의 인연에 의해서 낙보(樂報)를 받고, 고업(苦業)의 인연에 의해서 고보(苦報)를 받으며, 불고불락업(不苦不樂業)의 인연에 의해서 불고불락(不苦不樂)의 보(報)를 받고, 현보업(現報業)의 인연에 의해서 현보(現報)를 받으며, 생보업(生報業)의 인연에 의해서 생보(生報)를 받고, 후보업(後報業)의 인연에 의해서 후보(後報)를 받고, 부정업(不淨業)의 인연 때문에 뇌보(惱報)를 받고, 정업(淨業)의 인연 때문에 무뇌보(無惱報)를 받으며, 잡업(雜業)의 인연 때문에 잡보(雜報)를 받는다고 말씀하셨다.

사람들은 흔히 나쁜 사람이 현세에서 잘사는 것을 보기도 하고, 혹은 선한 사람이 불행을 겪는 것을 보기도 합니다. 이 때문에 인과응보라는 것이 과연 인간생활에 작용하는가, 하는 의구심을 갖기도 합니다. 그러나 "인과의 법칙이라는 것은 그 당시의 생애에만 한정된 것은 아니다. 과거·현재·미래라는 삼생(三生)에 걸

진리란 무엇인가?

쳐서 연결되어 나타나는 것이다."라고 설명하고 있습니다. 이러한 까닭에 착한 사람이 이 세상에서 불행을 만나기도 하고, 나쁜 사람이 이 세상에서 영화를 누리기도 합니다. 그렇다고 해서 이러한 업이 갖고 있는 두 가지 기능의 작용이 인간의 세계에서만 나타나는 것은 아닙니다. 때에 따라서는 천상이나 인간과 같은 비교적 행복한 삶을 살기도 하고, 그 악업이 지나치면 지옥·축생·아귀와 같은 참혹한 삶을 영위하기도 하는 것입니다. 그리고 비록 천상에 태어난 존재라 하더라도 과거세에 쌓은 선행의 공덕이 고갈되면 그는 인간계나 다른 나쁜 곳에 떨어지기도 합니다.

이처럼 선악의 업에는 그것과 양적으로 대응하는 과보가 있습니다. 그것은 질적인 대응이 아닌가라고 말할는지 모르지만, 업에는 선 혹은 악이라는 성질의 차가 있지만 과보는 항상 중성입니다. 가난이나 부귀는 그 자체가 도덕적으로 선도 아니고 악도 아닙니다. 때문에 업과 과의 대응은 질적인 것이라고 할 수 없습니다. 여기서 우리들은 업 이론의 두 가지 원칙을 정리할 수가 있습니다.

첫째 선 혹은 악의 업이 행해졌을 경우에는 좋아하는 혹은 좋아하지 않는 과보가 필연적으로 생긴다고 하는 '업보의 물리적 필연성'이고, 둘째 그 과보는 엄격하게 개체적이어서 한 개인의 행위적 주체 위에 한한 문제라는 '자업자득성(自業自得性)'입니다. 그러나 업보의 이 두 가지 원칙인 '물리적 필연성'과 '자업자득성'이 대단히 엄격하게 작용하고 있다고는 하지만, 그렇다고 해서 그것이 절대로 변하지 않는 것은 아니라는 점이 원시경전이나 율전에 설시되어 있습니다. 경전이 밝히는 것에 의하면, 여기에는 두 가지의 방법이 있습니다. 첫 번째 업보의 원칙을 초월하는 방법은 참회(懺悔)·수습(修習)·귀불(歸佛)·죄의 고백에 의해서 악한 과보가 경감 혹은 없어지는 것이고, 두 번째 방법은 선업의 공덕을 그 업의 작자 이외의 사람에게 돌려준다는 것입니다.

인간과 업은 하나의 물건이다

위에서 살펴본 것처럼, 초기경전이나 『대지도론』에 의하면 인간의 삶은 업보와 떼려야 뗄 수 없는 관계에 있습니다. 그래서 인간은 업에 매여져 있다든가, 업에 끌린다든가 하는 말보다 '인간과 업은 하나의 물건이다.'라고 말하는 편이 더 적절할 것입니다. 그것뿐이라고 하면 인간고는 없는 것이지만, 인간은 업 그 물건으로 그리고 그 사실에 대해서 자각하고 있는 거기에 고뇌가 있습니다. 인간 이외의 어떤 동식물에게도 고뇌는 없습니다. 때문에 고뇌하고 고통을 느낄 수 있는 것은 인간의 특권입니다. 그리고 이 특권 때문에 인간에게는 자유가 있습니다. 그리고 자유가 있기 때문에 인간은 인간고를 계속 받으면서 이것을 초월(超越)할 수 있는 것입니다.

그러나 이렇게 인간고를 초월할 수 있게 되기까지에는 투쟁의 단계가 있고 따라서 책임이라는 물건을 짊어져야 하는 것입니다. 자유·투쟁·책임·고민·초월·해탈이라고 하는 순서로 인간의 인간인 이유가 성립하는 것입니다. 낱낱 모두가 업의 속박이라는 자각에서 발전하는데, 그 이유는 인간만이 불성(佛性)인 본성(本性)을 스스로 갖추고 있기 때문입니다. 그런 고로 인간은 괴로워하게끔 되어 있습니다. 그리고 그 괴로움 때문에 괴로움을 이탈하는 일도 극복하는 일도 추구하는 것입니다. 때문에 괴로움을 피한다는 것은 인간답지 않는 일이 됩니다. 괴로워할 수 있는 것이 인간의 특권이라고 하면, 충분히 이것을 맛보면서 가는 것이 당연하다고 생각합니다. 이것이 되지 않으면 인간은 자기의 특권을 버리는 것이 됩니다.

업의 문제에서 또 앞에서 말한 무분별의 분별이라는 모순을 새로운 형태로서 받아들일 수가 있습니다. 물론 쉬운 일은 아닙니다. 왜냐하면 업의 문제는 바로 삶 자체에 연관하는 것이기 때문입니다. 논리적 지성적 문제라면 전문적으로 철학 또는 종교학을 연구하는 사람들이 가장 관심을 가지는 곳이기 때문에 일반적으로는 그렇게까지 긴요한 일은 아니라고 볼 수도 있습니다. 그러나 업의 문제는 실로 생사의 문제이고, 존재 자체의 문제이기 때문에 가볍게 보아서 넘길 사항은 아닌 것입니다.

업에 묶임은 업을 초월하는 본성적 충동이다

업이 인간의 생명 그 자체라고 하면 업을 면한다고 하는 것은 죽는다는 뜻에 다름 아닙니다. 그러나 업에 묶여서 받는 고통으로부터 해탈하지 않는다면 본성적 생활은 아닌 것입니다. 아무리 고뇌라는 것이 인간의 특권이라고 해도 고통이 영원히 계속된다면 그 의미를 잃어버리는 겁니다. 아무리 죄악이 깊고 많은 인간이라 해도 영원히 지옥의 불속에서 타고 있어서는 안 된다는 말입니다. 인간의 자각은 단지 그것만의 자각은 아닙니다. 자각의 내면에 본성적인 물건이 있습니다. 이것이 없으면 업에 묶여서 받는 고통이라고 하는 것, 그 물건이 무의미하게 됩니다. 이것이 모순인 곳입니다. 죽어서 살아 있지 않으면 안 된다고 하는 것, 업에 매여져 있으면서 이것을 여의는 것, 여기에 인간 운명의 불가사의가 있습니다.

업적 모순의 문제도 모순인 한, 지성의 경우와 동일한 방식에서 해소되지 않으면 안 됩니다. 즉 무분별의 분별이라고 하는 것을 체득할 때에 해소됩니다. 업의 경우에서는 분별을 업으로 바꾸어 놓으면 됩니다. 업이 업인 까닭은 업이 아니기 때문입니다. 업은 업 자체로 무업(無業)이면, 이렇게 되면 되는 것입니다. 앞에서 '반야는 반야가 아니다, 그래서 반야다'라고 했습니다. 그처럼 업을 업이라고 정면에서 보면 됩니다. 즉 업이라고 말하고 있는 물건은 실은 '업도 아무 것도 없는 것이다'라고 말하는 것이 되면 됩니다. 이것이 해탈입니다. 산을 산이라고 깨달아서 인식할 때, 이미 산은 산으로서 없는 것을 깨달아서 인식하고 있는 것입니다. 즉(卽)이 비(非)고 비(非)가 즉(卽)입니다. 업에 묶여 있다고 하는 때에 이미 업을 여의고 있는 것입니다. 이것이 본성적 직각입니다. 불가사의 해탈이라고도 이름 붙여지는 곳의 물건입니다.

이상 말한 것을 지금 조금 다른 각도에서 말씀드리면 다음과 같이 됩니다. 인간인 한 업을 여의고는 살아갈 수 없다고 하는 건 인간은 원래 업 그 자체인 물건이기 때문입니다. 인간이 있는 곳, 가는 곳마다 업은 반드시 그림자가 형체에 따르듯이 붙어서 다닙니다. 그러나 인간이 업을 여의고 업을 초월할 수 있는 이유는 업에 붙어 따라다니고 있기 때문입니다. 바꾸어서 말하면, 인간들은 업의 묶임 때문에 고뇌하지만 이 고뇌는 도리어 인간으로 하여금 인간 자신을 뛰어넘는 능력을 얻고자 하는 본성적 충동이라는 것입니다.

단순한 이치상에서 말하면 업에 묶여 있다는 사실을 의식한다고 하는 것은 일종의 명상 또는 지혜로써 사물의 실상을 비추어 보는 것[觀照] 이상을 벗어나지 못하는 겁니다. 따라서 그것은 업의 묶임을 초월하는 것은 아닙니다. 그렇지만 업에 묶인 고통이라는 의식에는 그러한 관조에서만 머물지 않고, 그 속에서 움직이고 있는 물건이 있습니다. 이것이 업에 묶인 고통의 저쪽 언덕에 있는 물건과 동태적(動態的)으로 연관되어 있는 것입니다. 업과 뿌리째 달라붙어 있는 것도 근본은 이 물건이 뒤이어 오고 있기 때문입니다.

관조도 실은 이 충동이 지성면에 반영한 물건이라고 보아야 합니다. 무의식의 이면(裏面)에 이 무자각의 충동이 없으면, 인간 특유의 고민·번뇌·근심걱정 등과 같은 것은 있을 수 없습니다. 바꾸어 말하면 인간의 고통이라고 하는 것은 업을 의식하고 있는 상태인 것입니다. 그리고 업을 의식하고 있는 이 상태는 바로 업의 부정(不定)에 뒷받침되어 있다고 말할 수 있습니다. 이러한 업의 부정이 업의 긍정면에 돌입해서 오기 때문에 인간은 언제나 불안한 생각에 쫓기고 있습니다. 그렇기 때문에 업의 고통이라는 의식은 이미 업의 고통을 여의는 길을 개척하는 물건이라고 하는 것입니다. 이것이 불교경험의 생활입니다. 업을 초월하는 것, 업은 곧 업이 아닙니다[非業].

기도는 업(業)을 여의는 노력이다

인간이 업에 묶여 있다는 스스로의 깨달음과 업을 여의겠다는 노력은 기도(祈禱)라고 하는 형식으로 나타나게 됩니다. 논리적으로 말하면 기도라는 행위는 절대모순입니다. 자연의 법칙에 따르려고 하지 않고, 자연의 법칙에 대항해서 싸우려 하기 때문입니다. 이것은 인간에게만 허락된 일로서 다른 동물에게는 없습니다. 또 신들에게도 없습니다. 인간은 기도합니다. 자신이 갖고 있는 힘을 초월하고 싶다고 생각하는 일념은 너무나 치열하지만, 현실의 생활 그 자체는 그와 같은 것을 허락하지 않습니다. 인연이 익으면 나기도 하고 죽기도 합니다. 병이 들기도 합니다. 인위적 작용으로 자연현상에 다소의 변화를 일으키게 하는 것은 과학이 발전한 오늘날에는 가능하지만, 그것에는 한도가 있습니다. 이 한도를 무조건 없앨 수는 없습니다. 어떠한 영웅도 성인도 천재도 생사의 법칙 앞에서는 평등합니다. 그분들 또한 평범한 사람들과 같은 운명을 맞이하게 됩니다.

그러나 인간은 언제나 수동적이지는 않습니다. 서산에 걸려 있는 태양마저도 붙잡아주고 싶은 심정을 가지고 있습니다. '그것은 어리석은 행동이다, 그것은 정신적으로 문제가 있는 행동이다'라고 말할 수도 있을 겁니다. 그렇지만 '그렇기는 하지만 그래도'라는 말이 저절로 나오는 것이 인간입니다. 생사를 비롯한 자신의 문제뿐이라면 모든 일에 마음을 두지 않는 것으로 단념할 수도 있을 겁니다. 그러나 자신의 주위에 전개되어가는 나날의 참담한 광경을 보거나 듣게 되면, 아무래도 가만히 있을 수만은 없는 것이 인간입니다.

"저들의 자업자득(自業自得)이다"라고 말하면서 끝낼 수는 없습니다. 그렇다고 해서 자기의 힘으로는 아무런 방법이 없고, 인간의 힘만 가지고는 어떻게 할 수도 없습니다. 이때 마음 밑바닥에서 솟아나오는 것이 기도입니다. 누군가를 어딘가에서 발견하고, 그것에 대해서 기도한다는 말은 아닙니다. 단지 '자연(自然)'이라는 것의 운행과 질서를 뒤엎어보고 싶은, 말하자면 일종의 반역심입니다. 이것은 비합리의 극점(極點)입니다. 또 단순한 이기적 희망에서 나오는 것도 아닙니다. 기도는 업의 묶임에 있으면서 업의 묶임에서 이탈하려고 하는 물건, 본성적인 물건으로부터 나오는 충동입니다. 여기에서 '업은 업이다, 업이 아니기 때문에'라고 하는 즉비(卽非)의 논리가 성립하는 것입니다.

다시 말하면 우리들 인간은 늘 업의 하중을 짊어지고 있고, 그럼에도 불구하고 그것으로부터 석방되고 싶다고 하는 원을 그만두지 않습니다. 이 어쩔 수 없는 물건이 도리어 인간으로 하여금 업을 초월하게 합니다. 이것은 본성 속의 움직임에 다름이 아닙니다. 그래서 기도는 종교생활의 진수(眞髓)를 구성하는 행위라고 말하는 겁니다. 아무리 기도해도 인간생활에 보탬을 주는 게 없다면 그것으로써 그만이겠지만, 사실 기도는 인간성을 구성하고 있는 최강의 요소를 이끌어냅니다. 기도라는 행위에서 인간생활의 전망이 근원에서부터 뒤집히게 됩니다. 지금까지의 오염된 악업이 그대로 깨끗한 물건이 됩니다. 즉 업의 묶임으로부터 이탈하는 것입니다. 이것이 업에 있으면서 업에 사로잡히지 않는다는 의미입니다.

그러나 이것은 업에 있는 물건과 업을 여의고 있는 물건이 따로 따로 된다고 하는 것은 아닙니다. 그것은 또 이원론(二元論)에 떨어지는 것이 됩니다. 업을 여의어서 여의고, 있지 않고 있는 까닭에 즉비(卽非)의 경지는 결코 인간을 인간세계 밖으로 쫓아내는 것은 아닙니다. 인간으로서의 모든 걱정과 괴로움은 이 사람의 마음에 주야로 다가옵니다. 『유마경(維摩經)』에서 유마거사가 "중생이 병들기 때문에 나도 병든다."라고 하는 이유가 여기에 있는 것입니다.

존재의 근원 그 자체는 묶여 있지 않다

불자들은 평소에 '인생은 고다'라고 말합니다만, 이것은 일반인이 알고 있는 것처럼 단순한 염세관이라고 보아서는 안 됩니다. 인생고(人生苦)는 인간생활의 사실을 정면에서 본 것으로서 불자들은 이 사실을 알고, 그것으로부터 출발하는 것입니다. 종교 경험은 고의 경험이고, 이 경험 때문에 고통의 여읨이 가능하게 됩니다. 고통을 단지 감정상에서 보는 것은 본성적이 아닙니다. 감정의 생각만으로는 고에서 빠져나오는 결과를 완전히 얻을 수 없습니다. 대자대비의 마음이 움직이지 않으면 안 됩니다. 이 마음이 본성입니다.

업고(業苦)의 얽어맴이 해소된다고 하는 것은 업을 업이라고 정면에서 깨달음과 동시에, 우리들 인간이라는 존재의 근원 그 자체는 그래서 묶여 있지 않다는 것을 자각(自覺)하는 것입니다. 즉비의 논리가 여기에서 성립합니다. 이원적·대상적 논리에서는 이것은 아무리 해도 모르는 것입니다. 이원적·대상적 논리는 즉비의 논리에 의하여 뒷받침될 때 의미를 갖는 것입니다만, '단지 긍정이 그대로 부정이고 부정이 그대로 긍정이다'라고 하는 것은 알수 없는 것입니다. 그래서 불자들은 부처를 이루는 최고의 비법(秘法)은 '반야는 반야가 아니다, 때문에 반야다'라는 말을 만남으로부터 시작된다고 하는 것입니다.

지성적 분별이 갖는 환상의 하나는 '나는 자유다, 선택의 힘은 나한테 있다'라는 것입니다. 생명이라는 이음새가 없는 하늘의 옷[天衣無縫]을 조각조각으로 끊고 잘라서 그것을 연구한다고 말합니다만, 연구한 후 그것을 다시 본래의 모습으로 꿰매보려고 해도 안 되는 것입니다. 조각조각으로 만들고 다시 붙여서 합치는, 이것이 "지성의 특권이다, 지성의 자유다, 선택력이다."라고 말하지만, 이것만큼 경우에 어긋나고 난폭한 일은 없습니다. 지성이 인간의 삶에 있어서 어떠한 역할을 맡고 있는가에 관해서 아무런 정견(正見)이 없는 사람들은 매우 불행합니다.

지성은 자유가 아닙니다, 분별 또는 분할은 자살을 의미합니

진리란 무엇인가?

다. 그 자유성이라고 믿게 되는 것은 사실은 그 자살을 하고 난 뒤의 일입니다. 분별 그 물건에는 자유가 없습니다. 이자택일(二者擇一)은 자유가 아닙니다. 이미 둘이라는 것에 한정되어 있습니다. 진정한 자유는 어떤 것에도 구속되지 않는다고 하는 의미입니다. 지성은 분석하고 종합하는 것이라고 말하지만, 둘 다 한정성의 대상을 가지고 있는 것이기 때문에 절대 자유는 아닙니다. 결국에는 한정된 자유이지 자유 그 자체는 아닙니다. 본성적 자유에 이르러야 비로소 진정한 자유가 오는 것입니다. 업의 묶임으로부터 나오는 일체의 번뇌·우수·불안은 본성적 자각의 영역에 들어오는 것에 의해서 해소됩니다. 가려고 원하면 곧 가고, 머물려고 하면 바로 머문다고 하는 이것이 자유입니다. 불가사의 해탈입니다.

그래서 지성에서는 업계고(業界苦)로부터 이탈할 수 없습니다. 지성이 할 수 있는 한도는 본성의 모습을 희미하게 비출 수 있다고 하는 것입니다. 즉 '자신이 자유다'라는 환상(幻想)을 갖고, 그것은 환상이라 해도 배후에 본체가 있다고 하는 것을 넌지시 암시하는 곳에 지성의 역할이 있습니다. 인간은 이 환상에 용기를 얻어서 돌진합니다. 그리고 마침내 본성적 직각의 영역에 도달하게 됩니다. 용기를 얻는다고 했지만, 그것은 어느 의미에서는 기가 꺾인다고 말해도 좋습니다. 어디를 어떻게 탐색해야만 정말로 자유가 되는가 알지 못하기 때문에 인간의 혼은 고민하고, 불안에

습격당합니다. 이 불안이 지성면에 나타나서 불가사의를 사의(思 議)하려고 노력합니다. 무분별을 분별하려고 하고, 그 힘의 한계 를 다하다가 지쳐서 쓰러집니다. 자유의 문은 거기에서 열리게 되 는 것입니다.

본성 속에 있는
세 갈래 성질

불락인과(不落因果)와 불매인과(不昧因果)

지금까지 살펴본 것처럼 업(業)과 비업(非業)의 모순, 즉 업과 비업이 동일(同一)하다고 하면 여기에서 문제가 불거집니다. 그것은 인간의 삶에서 선악(善惡)을 무시하는 것이고 인간적 가치를 포기하고 폄하하는 것이 되기 때문입니다. 결국은 도덕과 윤리를 부정하는 사상으로 전락하여 인간적 집단생활의 기초를 무너뜨리는 것이 되고 맙니다. 불교 그 자체도 존립할 근거를 상실하여 없어지고, 즉비의 논리도 그 무엇도 있는 것은 아무것도 없다고 하는 것이 되어버립니다. 왜냐하면 업이 곧 비업이라는 논리는 선(善)·악(惡)·무기(無記)가 하나의 물건이 되기 때문에 도덕적·윤리적

책임자인 그 물건도 없어져서 사회도 그 무엇도 있을 수 없는 상태가 되어버립니다.

업은 인과의 뜻이고 인과는 불교도덕의 기초라고 할 수 있는데, 그 인과를 무시하여 없다고 하면 어떻게 되겠습니까? 자연계는 물리적 인과율(因果律)로 성립하고 있는데, 그것이 없다고 하면 세상은 암흑으로 변할 것입니다. 물론 인간계도 도덕 없이는 존립의 근거를 상실하겠지요. 이처럼 즉비의 논리를 지나치게 휘두르면 불교는 불교가 아니게 되고, 아무런 마무리도 지을 수 없어집니다. 따라서 이런 상황을 어떻게 하면 좋은가 하는 문제가 자연히 나옵니다. 그리고 이러한 문제는 지성과 이성이 지배하는 세계에서는 반드시 나오게 됩니다. 그렇지만 본성적 자유의 입장에서는 아무런 갈등도 일으키지 않고 괴로움도 되지 않습니다. 아무튼 『무문관』「제2칙」에는 다음과 같은 이야기를 전하고 있습니다.

중국 당나라 대선사의 한 사람인 백장회해(百丈懷海; 720~814) 선사가 설법할 때면 언제나 노인 한 사람이 법문을 들었는데, 대중이 물러가면 그 노인도 물러갔다. 그런데 어느 날은 설법이 끝나도 물러나지 않고 있었기에 백장 선사가 그 노인에게 물었다.

"면전에 서 있는 그대는 누구시오?"

그러자 그 노인이 말했다.

진리란 무엇인가?

"저는 사람이 아닙니다. 과거 가섭부처님 때에 일찍이 이 산중에서 주지로 살고 있었습니다. 그때 어떤 학인이 '깨달음을 체득한 대수행자도 인과(因果)에 떨어집니까?'라고 질문하기에 저는 '인과에 떨어지지 않는다[不落因果].'라고 답했습니다. 그래서 500생 동안 여우 몸에 떨어지게 되었습니다. 무엇인가 화상에게 한 말씀[一轉語]을 받아서 이 몸을 벗어나고 싶습니다."라고 말하고, 다시 그는 또 이렇게 물었다.

"깨달은 수행인도 도리어 인과에 떨어집니까, 그렇지 않습니까?"

백장 선사는 바로 대답했다.

"인과에 매(昧)하지 않는다[不昧因果]."

그 노인은 말을 듣는 순간 크게 깨달았다. 다음날 백장 선사는 산 뒤편에서 여우[野狐]의 죽은 시체를 후하게 장사지내 줬다.

백장 선사의 대답을 "인과를 어둡게 하지 않는다."라고 읽습니다만, 이 문답의 의미는 이렇습니다. 깨달은 수행자, 즉 깨친 사람은 인과의 운행에 수순해서 그 몸을 맡깁니다. 인과를 자신의 외부에서 보지 않고 자신과 인과를 하나로 합니다. 인과를 어둡게 하지 않는다는 것은 이 뜻입니다. 여우 노인의 경우에서는 인과를 외부에 두고, 그 가운데에 자신이 들어갈까, 들어가지 말까 하면서 신경 쓰고 있음을 알 수 있지요. 자신과 인과가 따로따로 떨어져 있기 때문에, 그 사이에서 떨어짐과 떨어지지 않음의 문제가 나옵니다. 인간은 도덕적 행위의 주체이지만, 그것과 동시에 인과법칙 그 자체인 것입니다. 행위 밖에 인과가 있어서 그것이 행위의 위에 가해지는 건 아닙니다. 그 때문에 인간으로 생활하고 있는 한, 업은 인간에게 붙어 있습니다. 수행의 유무, 오도(悟道)의 여하 등에 의해서 인과가 밖으로 떨어져야 하는 성질의 물건은 아닙니다. 인과는 원래 불락(不落)도 불매(不昧)도 아니라는 말입니다. 인과는 지성면의 사상(事象)이고, 본성적 자각 위에서는 인과는 없는 것이기 때문에, 노인의 야호선(野狐禪)처럼 이원적 관찰을 해서는 안 됩니다.

본성의 세 갈래 성질은 합해져 있다

인간을 기하학(幾何學)에서 말하는 점(点)에 비유할 수가 있습니다. 이 점에 세 갈래의 선(線)이 모아들거나 거기에서 교차하고 있다고 봄이 좋겠습니다. 이 세 갈래의 선이라는 것은 하나를 물리적·자연적 성질이라고 하고, 또 하나를 지성적·도덕적 성질이라고 하며, 마지막 하나를 본성적 성질이라고 부르도록 하겠습니다. 인간은 이러한 세 갈래 선이 모여들어 한 점에서 살아가고 있는 것입니다. 그리고 인간은 이 사실을 잘 의식하고 있고, 이 의식

진리란 무엇인가?

에 강약의 차이가 있습니다. 보통 사람은 제1선인 물리적·자연적 성질인 선과 제2선인 지성적·도덕적 성질에 대해서 강한 자각을 가지고 있지만, 제3선인 본성적 성질인 선에 대하는 마음은 애매모호하다고 하는 것이 좋습니다.

그러나 이것을 완전히 무시해서 있는 것이 아니[非有]라고 하는 데까지는 가지 못하는 것입니다. 그 때문에 인간은 자기생활의 전부를 제1선 또는 제2선 또는 쌍방에만 완전히 맡겨놓는 것에도 익숙해지지 못하는 것입니다. 본성선이 눈앞에 나타나는 현상을 어떻게 막아낼 재간을 찾을 수 없습니다. 그래서 인간은 대부분의 생활에서 도중에 항상 방황하게 됩니다. 그리고 이것이 무엇인가 걱정거리의 근본이 되는 것입니다. 그렇다면 전부를 몽땅 본성면에 돌리면 좋지 않겠는가라고 말할 수 있겠지만, 무시겁래(無始劫來)의 무명(無明), 즉 지성적 분별에 뿌리박고 있는 인간 존재는 그렇게 쉽게 목적한 대로 잘 안 됩니다.

그렇지만 본성으로부터 지성에로 가해오는 압박은 끊임이 없습니다. 이 압박은 억제하기 어려운 힘이어서 지성은 자기 자신만으로는 아무 것도 할 수 없다고 뻔히 알게 되어도 좀처럼 자기의 전부를 내려놓지 못합니다. 본성적 성질의 선으로부터의 비약(飛躍)은 필사적인 행위이지만 이것을 다하지 않는 한 걱정은 뿌리 뽑혀지지 않습니다. 그리고 이것은 비약이지 한 발짝 한 발짝의 연속적 진행은 아닙니다. 백척간두(百尺竿頭)에서 한 걸음을 내딛는다고 합니다만, 시간적으로도 공간적으로도 문자대로 초월입니다. 비연속의 연속이라고 해도 좋습니다.

제2선인 지성적·도덕적 성질은 제1선인 물리적·자연적 성질 쪽으로 되돌아가는 경우는 없습니다. 왜냐하면 제2선의 특징은 제1선으로부터 이탈한 곳이기 때문에, 그리고 일단의 이탈은 영원한 절연이기 때문입니다. 인간이 동물로 되돌아가는 그런 일은 결코 없습니다. 그렇지만 제3선인 본성적 성질로부터 제1선에로 옮기는 것은 가능합니다. 경우에 따라서는 제3선이 그대로 제1선이 된 듯이 보일 수조차 있습니다. 제3선의 특이성은 절대적 수동성, 또는 절대적 빙의(憑依)입니다. 이 점에서 제3선과 제1선은 녹아서 합해진 성질인 것입니다.

바람이 세차게 불면 나무는 넘어집니다. 그렇다고 바람은 넘어뜨린 힘을 자랑하지 않으며, 나무도 넘어졌다고 해서 바람을 원망하지 않습니다. 바람은 불고, 나무는 넘어지고, 그것뿐입니다. 무심이고 무념입니다. '뜻대로 하옵소서.'입니다. 제1선과 제3선은 이 면에서 상응(相應)하는 것이 있습니다. 그러나 이것은 표면에서 보는 말이고, 제3선에는 제1선에도 제2선에도 인정되지 않는 것이 있습니다. 이것이 인간으로 하여금 '만물의 영장'으로 만드는 곳의 물건입니다. 그 물건이 바로 즉비의 논리를 가장 생생한 방법으로서 그 몸 위에 활약하게 한다고 하는 것입니다.

진리란 무엇인가?

자각(自覺)은 인과법칙에 순응하는 것

본성적 자각을 한 사람은 그것 때문에 '신려(神慮)', 즉 신의 뜻대로 된 사람 그 자체입니다. 신려라는 말은 불교적으로 말하면 인과입니다. 자각을 한 사람에게는 불락도 불매도 없습니다. 그는 '오늘도 임운등등(任運騰騰) 내일도 등등임운(騰騰任運)'입니다. '올연(兀然)으로서 아무 일 없이 앉아 있으니, 봄이 오니 풀이 스스로 푸르구나.'입니다. 이것은 스스로의 안에 스스로가 아닌 것, 스스로보다도 크고 깊고 먼 물건을 찾았다고 하는 자각에서 오는 안심(安心)입니다, 무외(無畏)입니다. 한쪽 면에서 생각하면 절대적 수동성이지만, 또 다른 한쪽 면에서 생각하면 절대의 자유를 향유하는 것이라고 말할 수 있습니다. 자기 이상의 물건이 자기를 통해서 움직인다고 하면, 자기는 무(無)의 상태 기하학적 점(点)이지만, 자기가 주인공이라고 하는 곳에서 생각하면 절대의 모순이 즉비의 논리에서 보면 자기동일성으로 산다고 하는 것이 됩니다.

소천(韶天; 1897~1978) 선사의 『활공원론(活功原論)』에는 다음과 같은 이야기가 나옵니다.

오서방이 맹인을 업고 어디를 가다가 급한 일이 있으니 나무에 잠깐 매달려 있으라고 하면서 발아래는 천 길 만 길 낭떠러지라고 일러 놓고 갔습니다. 그런데 금방 온다던 오서방이 안 오자 결국 맹인은 나무에 매달려서 살게 되었습니다. 그 손만 놓으면 편안한 땅이 있는데도 죽는다고 일러 놓았기 때문에 놓으면 죽는 줄 알고 나무에 매달려서 한 손으로는 나무를 붙잡고 한 손으로는 과일을 먹으면서 과일의 달콤한 맛에 빠져 하루하루를 살아가더랍니다.

알고 보니 그 나무에는 맹인들이 여러 종류가 있어서 나무에 매달려 있는 맹인이 있는가 하면, 나무에 기대어 있는 맹인도 있고, 완전 맹인이 아니라 눈을 조금 뜬 사람도 살고 있었습니다. 맹인들은 참 길을 모른 채 나무에 매달려서 유한의 과일을 따기 위해서 서로 자기가 더 많이 취하려고 이용하기도 하고, 선동하고 파당을 만들어서 싸우기도 합니다. 그러다가 결국 눈을 떠서 서로 협동하고, 마침내 나무에서 다 내려와 대지에 서서 나무의 과실을 먹는다는 내용입니다.

본성적 자각을 한 사람은 이와 같이 대지에 내려온 사람들의 입장입니다. 땅에 내려와서 마음 놓고 나무의 과실을 먹습니다. 어떤 근심과 걱정도 있을 수 없습니다. 손을 놓으면 낭떠러지에 떨어져 죽는다는 불안도 없습니다. 마음을 써서 새삼스럽게 노력하지 않더라도 전생에 지어놓은 복력(福力)에 올라타서[任運騰騰] 무소의 뿔처럼 혼자서 당당[兀然]하게 나아가는 것입니다. 어떤 사람이 와서 불교에 없는 말을 쓰면서 제게 물은 적이 있습니다.

진리란 무엇인가?

"무슨 잘못을 하면 불벌(佛罰)을 내리는 것 아닙니까?" 아마도 부처님의 벌이라 해서 불벌이라고 표현한 것 같습니다. 다른 종교에서 신이 벌을 내린다고 신벌(神罰)이라 하는 데서 만들어낸 말인가 봅니다.

부처님에게는 그런 벌이 없습니다. 부처님은 부모님과 같아서 잘못이 있으면 깨닫게 하고 그것을 더 가엾게 여기고 어떻게 하면 고쳐줄까 하는 자비한 생각을 하십니다. 어떤 신은 대립한 관계에서 벌을 내리고 그 자손 대대로 벌을 받고 몇 천 명이 죽고 죽이고 하는 벌을 내린다고 합니다. 보속(報贖)이란 신에게 속죄하기 위해서 염소나 송아지 따위나 또는 재물을 바친다든가 하는 것인데, 불교에는 이런 행위가 없습니다. 죄를 지었다는 것은 자기가 잘못한 것입니다. 잘못했으면 잘못했음을 알고 뉘우쳐서 잘못된 생각을 고치고 그 마음을 맑게 하면 그것으로 참회가 됩니다.

허물인 줄 알면 허물을 돌이키고 일심 참회하면 비워지는 것, 비워지면 마음에 한 물건도 없는 밝은 마음이 됩니다. 밝은 마음이 될 때 부처님 공덕이 가득 넘쳐 오는 것입니다. 마음을 비워서 마음에 한 물건도 없게 되었을 때 어떻게 되는가? 그때는 부처님의 무량공덕이 가득 넘쳐옵니다. 하늘에 구름이 확 벗겨졌을 때 눈부신 햇살이 가득히 부어옵니다. 본성을 깨달아서 아무 생각도 나지 않을 정도로 무념이 되었을 때는 구름이 다 가셔져 맑고 푸른 하늘이 되었을 때처럼 진리의 광명이 막힘없이 나와서 나의 국토 위에 가득히 부어지는 것입니다. 봄이 오면 꽃이 피고 가을이 오면 산천이 붉게 물들다가 마침내 앙상한 나뭇가지만 삭풍을 견디는 것이 이 세상의 이치입니다.

일체의 사물이
존재하는
근본적인 의미

지성을 초월한다는 뜻

여기서 불락인과와 불매인과의 관계를 조금 실제적으로 살펴보겠습니다. 불교에서는 인과가 익으면 인간의 이해득실에 관계없이 사태가 발생한다고 합니다. 태양은 선인에게도 악인에게도 빛나고, 비는 정직하든 정직하지 않든 차별하지 않고 내립니다. 자연의 인과는 인간적 가치관에 구애되지 않는 것입니다. 지성은 사태의 추이를 보고 법칙을 만들어 이론을 꾸미고 그것을 합리화합니다. 인간 정신상의 문제는 지성의 합리화에 관여하지 않는 것입니다. 선악시비의 문제, 행·불행의 문제, 미오(迷悟)의 문제 등은 지성이 소위 합리적으로 구성한 물리적·자연적 인과와 교섭

이 안 되는 곳입니다. 이 점은 본성적 직각의 세계가 아무리 심원하다고 해도, 지성의 논리를 뒤엎는 처지에서는 가지 못하는 곳이라는 것을 말해 줍니다.

본성적 직각이 지성적·대상적 논리의 밖에 있는 물건이라고 보면, 그것은 이원론입니다. 본성에는 본성으로서의 영역이 있고, 그것은 지성의 분야를 침범하는 물건은 아닙니다. 본성은 지성 속에서 움직이는 물건이라고 해도 좋습니다. 이 움직임을 철저하게 깨닫는 것이 지성을 초월한다고 하는 의미입니다. 이 양자 교차의 원융무애(圓融無礙)한 것을 무분별의 분별, 분별의 무분별이라고 하는 것입니다. 업도 또 이 의미에서 즉비의 논리를 살리는 것입니다. 즉 본성적 입장에서 보면 업도 인과도 그 자체로서 업으로써 인과로써의 옭아매는 힘을 갖지 않는 것이 됩니다.

여기에서 보면 불락도 불매도 없습니다. 인과가 오면 인과를 맞아들여서 마음속에 품고 있는 생각들이 편안하고 침착합니다. 죽을 때 죽습니다. 태어날 때 태어납니다. 태어나서 기뻐하지 않고 죽어서 슬퍼하지 않으며, 편안하고 침착하게 그냥 있습니다. 이 사람은 철학자도 아니지만 과학자도 아닙니다. 그 때문에 어떤 핑계나 이론도 말하지 않고 그대로 무엇이든지 받아들입니다. 이것이 무분별의 분별, 분별의 무분별이라고 하는 즉비의 논리를 생활 그 자체 위에서 터득하여 깨달은 사람의 경지입니다. 그렇기 때문에 불교를 요해(了解)하려고 함에는 아무리 강조해도 좋은 것

진리란 무엇인가?

입니다만, 무분별의 분별이라고 하는 '불가사의(不可思議)'에 한번 철저하지 않으면 안 됩니다.

이 불가사의는 본성적 직각의 영역에 속하는 물건이기 때문에 지성적 분별에 사로잡혀 있는 한, 영원의 시간인 이 사이의 소식에는 접해질 수가 없는 것입니다. 그러나 여기에서 주의하지 않으면 안 되는 것은 본성상에서의 불가사의는 지성상에 나타나서 증오(證悟)라고 하는 형태가 되는 점입니다. 증오 또는 정각(正覺)은 즉 본성적 직각이지만, 어휘로서는 지성적입니다. 왜냐하면 분별도 인과도 업도 전부 지성적 측면에서만 의미를 갖는 물건이기 때문에, 이것에 대하는 물건으로서는 스스로 지성적 냄새가 밴 문자를 사용할 수밖에 없는 것입니다. 그러나 사실은 본성적 불가사의의 작용입니다. 그리고 이 불가사의는 인간의 일상생활의 경험 속에 어디에고 들어오는 것이 가능한 것입니다.

지성계도 감성계도 다 본성계 때문에 그 가치를 갖게 되고, 따라서 지성이나 감성 등의 인간생활도 의의를 갖게 됩니다. 제1선도 제2선도 제3선도 둥글어 모가 없는 모양의 일점(一點)이 되는 것에 의해서, 제1선도 제2선도 제3선도 되는 것입니다. 가지가지의 분별을 하지 않으면 말이 안 되기 때문에 하는 것입니다만, 그것에 사로잡혀서는 안 됩니다. 낱낱 모두가 동시에 불현듯 생겨나고 그것은 서로 간에 원융해서 걸림이 없습니다. 종을 치면 울리고 울리면 들리며, 그리고 그것은 종소리다, 라고 말합니다. 깨치지 못한 사람에게도 깨친 사람에게도 똑같이 들리고 똑같이 그 것이라고 인정됩니다.

그렇지만 깨친 사람에게는 거기에 본성적 자각이라고 하는 물 건이 있습니다. 이것은 보통 사람의 지성적 또는 감성적인 물건과 서로 다릅니다. 심리학자 또는 일반 철학자 등이 말하는 통각(統 覺)인 물건과도 다릅니다. 억지로 말을 붙이자면 형이상학적 또는 우주적 또는 신성적(神性的) 자각입니다. 그러나 지혜로운 사람은 본성적 자각을 분별식에서 거론할 수 있는 범위에 자각하고 있다 고 말하지 않습니다. 자각 없는 자각, 무분별의 분별이기 때문에 시간적으로 한정된 물건은 아닙니다.

불매인과와 반야즉비의 논리

이상의 설명으로 야호 노인이 어느 점에서 과오를 범하고 있었 는가에 관하여 대략은 알았다고 생각합니다. 그것은 본성적 직각 의 세계와 지성적 논리의 세계는 별개이면서 별개가 아니라고 하 는 것을 그 노인이 알아차리지 못했기 때문입니다. 그는 인과의 세계를 자기로부터 떨어져 있는 곳에 두고서 거기에 떨어지기도 하고 안 떨어지기도 하는 물건이라고 생각하고 있었던 것입니다. 백장 선사가 이것을 지적해서 불매인과라고 말한 것입니다. 깨달은 수행자, 즉 증오(證悟)한 사람에게는 실은 불락도 불매도 없습니다. 불매인과의 이야기는 또 반야즉비의 논리를 예증하는 것이라고 봐도 됩니다.

『반야경』에는 도처에 'A는 A가 아니기 때문에 A다'라고 하는 논리가 설해져 있습니다. '세계는 세계가 아니기 때문에 세계다', '일체 법은 일체 법이 아니기 때문에 일체 법이다.', '불토장엄은 장엄이 아니기 때문에 장엄이다' 하는 형태로서 『반야경』의 거의 모든 곳에서 만납니다. 이것을 보통의 말을 가지고 표현하면, '백(白)은 백이 아니기(흑이다) 때문에 백이다. 목단은 목단이 아니기 때문에 목단이다. 산은 산으로 있고 또 물이다. 물은 흐르지 않는데 다리는 흐른다. 빈손으로 창을 사용한다. 안장 밑에 말 없고 안장 위에 사람 없다.'라는 이러한 모순의 문자로 교체할 수도 있습니다.

이것을 즉비의 논리하고 말합니다만, 불자들은 이것을 사물이 존재하는 근본적인 의미[根本義]라고 합니다. 그래서 지성의 입장에서 보면 인과는 역연하여서 낙도 불락도 없는 것이지만, 인간의 마음 어딘가에 떨어지고 싶지 않다고 하는 생각이 있습니다. 그리고 그것은 불도(佛道)를 수행해서 증오(證悟)의 구역에 도달하게 되면 양생(養生)을 하지 않더라도 병에 걸리지 않고, 불선(不善)을 행해도 불행한 경우를 만나지 않고 살아질 것이라는 등 제멋대로 생각하는 것입니다. 본성의 측면을, 지성의 측면 및 물리적

·자연적 측면에 밀어내어서 인과를 역행시키려고 하고, 또는 무시하여 제거해 보려고 하는 것입니다. 이것에 대해서 불매인과는 '인과는 인과가 아니고, 그렇기 때문에 인과다.'라고 하는 것입니다. 인과에 떨어지지 않을 때 이미 떨어지고 있는 것입니다. 인과에 떨어진다고 함은 도리어 떨어지지 않는 것입니다. 더 나아가서 불락은 불매이고, 불매는 불락이라고 하는 것이 됩니다.

인연이 익으면 태어나고, 태어나면 병에도 걸리고 다치기도 하고, 즐겁고 기쁜 일도 있고 슬픈 일과 아픈 일도 있으며, 그리고 나이 들어 죽고 맙니다. 이것이 사람의 일생이고 인간의 업입니다. 누구라도 결코 면할 도리가 없지요. 인간은 어느 누구도 이 엄연한 인과의 사실에 대해서 충분한 인식과 깨달음을 가지고 있습니다. 하지만 그런데도 무엇인가 해서 이것을 벗어나고 싶다는 열망의 마음이 있고, 영혼불멸이라든가 영원의 삶이라든가 하는 것을 기대합니다. 그것이 어떠한 의미에 있어서든, 또 명암(明暗)과 강약(強弱)의 정도는 있을 지라도 그와 같은 기원의 염(念)이 있습니다. 이것은 이미 인과에 떨어져 있는 것이기 때문에, 그것으로부터는 결코 불락이 되지 않습니다. 떨어져서 떨어지지 않는 것이 되면, 회전하는 인과의 수레바퀴 그 자체가 되는 것입니다. 이것이 불매인과입니다. 인과 그 자체가 되어 있으면 인과는 아닙니다. 낙·불락도 매·불매도 문제가 되지 않는 것입니다.

진리란 무엇인가?

추위와 더위가 올 때는 어떻게 피해야 하나

당나라 때는 선(禪)이 일어나서 번창하던 시대이고, 선은 중국 한민족(漢民族)의 정신적 정화(精華)입니다. 동산양개(洞山良价; 807~869) 선사도 그 시대에 있어서 가장 우수한 선장(禪匠)의 한 사람이었습니다. 『벽암록』「제43칙」은 동산 선사와 어느 승려와의 법담을 이렇게 전하고 있습니다.

어떤 스님이 동산 선사에게 물었다.
"추위와 더위가 올 땐 어떻게 피해야 합니까?"
동산 선사가 말했다. "왜 추위와 더위가 없는 곳으로 가지 않는가?"
그 스님이 말했다. "어떤 것이 추위와 더위가 없는 곳입니까?"
동산 선사가 말했다.
"추울 때는 화상(和尙)을 추위로써 죽이고, 더울 때는 화상을 더위로써 죽이느니라."

이것은 단지 추위와 더위만의 문제는 아닙니다. 인과를 대하는 불락·불매의 문답과 같은 것입니다. 회피함은 불락의 뜻입니다. '업에 묶인 몸이 어떻게 해서 묶인 업을 이탈시키는가?' 하는 것이 이 스님이 동산 선사에게 던진 질문입니다. 동산 선사는 이것에 대답하기를, '왜 추위와 더위가 없는 곳으로 가지 않는가?'라고 되묻고 있습니다. 인과상관의 세계만이 전부가 아니라고 보지 못하면, 인과초월의 경지를 향해서 갈 수는 없습니다. 그 스님은 다시 다음과 같이 여쭈었습니다.

"어떤 것이 추위와 더위가 없는 곳입니까?"

"추울 때는 화상(和尚)을 추위로써 죽이고, 더울 때는 화상을 더위로써 죽이느니라."

인과에 떨어지는 것이 인과에 떨어지지 않는 것이라는 말입니다. 추위와 더위는 인과이고, 추울 때에는 춥고 뜨거울 때에는 뜨거운 것이 인과입니다. 추위[寒]는 철저하게 한, 더위[熱]는 철저하게 열, 이 대항과 모순은 지성의 측면에 있어서 그러한 것입니다. 이것이 바로 '추위와 더위가 없는 곳이다'라고 하는 것은 지성의 측면을 여의고 본성의 측면, 즉 즉비의 논리가 성립하는 측면에서 나오는 말입니다. 추위와 더위가 없는 곳의 추위와 더위, 추위와 더위가 바로 추위와 더위가 없는 곳입니다.

파스칼이 말한 것처럼 인간은 연약한 존재입니다, 그를 쳐서 넘어뜨리는 것은 아무 것도 아닙니다. 한 방울의 독약만 있어도 충분합니다. 아무리 정신적으로 숭고한 사람이라도 극악무도한 악인이라도 누구든지 죽는다는 사실은 변함이 없습니다. 하지만 사람을 포용하고 있는 우주도, 사람을 죽이는 독약도, 이것에 관해서는 어떤 집착도 전연 없습니다. 오로지 인간만이 이것을 스

진리란 무엇인가?

스로 깨닫고 스스로 알[自覺自知] 뿐입니다. 생각 있음[有意]과 생각 없음[無意]의 구별을 알고 있는 존재는 인간뿐입니다. "인간이 인간다운 위엄은 사상이다."라고 파스칼은 말합니다만, 이 사상이라는 의식 또는 자각이고, 그리고 그것은 그냥 지성적 자각이 아니고, 본성적 자각이지 않으면 안 되는 것입니다. 파스칼이 과연 이렇게 생각하고 있었는가, 어떤가는 알 수 없지만 파스칼의 '사상'은 우리들의 어휘로서는 본성적 자각과 닮아 있다고 생각합니다. 실로 인간 생존의 의의는 여기에 있는 것입니다.

인간은 우주보다 크다

지성적 자각과 본성적 자각의 상위(相違)는 앞에서도 누누이 말한 것처럼, 한쪽에서는 대상적·분별적·능소적(能所的)이지만, 다른 한쪽에서는 즉비의 논리상에 서 있는 것입니다. 같은 종소리를 듣고서 이것을 종소리라고 의식할 때, 지성적이든 감성적이든 대상적 세계관 이상에서 벗어나지 못하는 것이지만, 본성적 측면에 그것이 투영되어 오면 우주가 바로 하나의 종소리라고 하는 것이 됩니다. "추울 때는 화상(和尙)을 추위로써 죽이고, 더울 때는 화상을 더위로써 죽이느니라." 하는 것입니다. 비[雨]는 누구한테도 내립니다. 화(禍)와 비(悲)는 아무한테도 닥쳐옵니다. 달인

(達人)은 불매인과에서 그것을 대함에 철저합니다. 그러나 그 철저하다는 사실을 본성적으로 자각할 수 있는 것입니다. 이것이 불매인과의 불락인과입니다. 그는 우주를 통해서 표현되는 신의 뜻을 알아서 깨달은 사람이 된 것입니다.

파스칼이 인간을 '사유하는 갈대'라고 말합니다만, 이 사유 또는 사상은 관조(觀照)의 의미로 받아들여서는 안 됩니다. 관조라든가 선관(禪觀)이라든가 정려(靜慮)를 말하는 것도 크게 보면 서로 다르지 않습니다. 그리고 이것이 또 인간만이 할 수 있는 것이라고 생각합니다. 그러나 본성적 자각에는 이것 이상의 물건이 있습니다. 정관(靜觀)이나 명상(冥想)에는 이원성이라는 것이 있습니다. 관하는 것과 관해지는 것이라는 능소(能所)가 있고 주객이 있습니다. 본성적으로 자각하는 것은 자각 없는 자각이기 때문에 완전한 절대성을 가진 것입니다. 천차만별의 분별계에서는 인연이다, 인과다, 업이다, 가치다 하는 그러한 것이 있습니다.

어느 것이든 대상적입니다. 지성으로서의 인간은 이것을 전부 무시하고 살 수는 없습니다. 즉 그 가운데 떨어지는 것 외에 달리 방법이 없습니다. 그러나 본성적 자각이라고 하는 그 무엇이 있기 때문에 인간은 '추위와 더위가 없는 지대'에 머물 수가 있습니다. '불매인과'를 체득하여 인정할 수가 있는 것입니다. 우주 그 물건은 무의미고 무가치며 서푼어치 가치도 없지만, 인간의 본성적 자각에 의해서 무가(無價)의 가치를 얻는 것입니다. 이것은 감성적

진리란 무엇인가?

·지성적 세계를 완전히 없는 것으로 하는 것은 아닙니다. 착각하면 크게 벗어나게 됩니다.

인간이 우주보다 크다고 하는 것은 이것 때문입니다. 시간과 공간이라는 곳에서 보면 인간은 너무나도 가냘픈 존재입니다. 하지만, 본성상에서 보면 인간이라는 존재는 우주 전체로 봐서 짐작으로 알 수 없는 존엄 그 자체입니다. 적나라(赤裸裸)하게 발가벗겨진 인간, 사회적 지위도 세력도 아무 것도 없는 인간, 이 인간이 가질 수 있는 본성적 자각 때문에 고따마 붓다는 태어나자마자 '천상천하유아독존(天上天下唯我獨尊)'이라고 첫 일성(一聲)으로 소리친 것입니다. 그리고 이 일대긍정(一大肯定)에 이르는 길은 모든 사람이 지성적으로 도덕적으로 많은 고민을 통해 비로소 도달할 수 있는 곳의 한 물건입니다. 그것이 결국 무엇인가?

"추울 때는 화상(和尙)을 추위로써 죽이고, 더울 때는 화상을 더위로써 죽이느니라." 이 한마디에도 담겨 있습니다.

제3장

진리의
실현[大悲]

지혜[智]와 자비[悲]가
한 개의
환(丸)으로 되어 있다

대지(大智)와 대비(大悲)

그대가 만약 불자(佛子)가 되고자 한다면 처음에 하지 않으면
안 되는 약속 혹은 서약이 하나 있습니다. 삼귀의(三歸依)라고 하
는 부처님과 부처님의 가르침과 가르침대로 출가하여 수행하는
스님들의 모임인 승가(僧伽)에 의지하여 살겠다는 것입니다. 이 삼
귀의 중 첫째가 '양족을 구족하신 부처님께 귀의합니다[歸依佛 兩
足尊].'인데, 여기서 양족이란 지혜(智慧)와 복덕(福德)을 말합니다.
즉 이 지구상에 존재했던 모든 사람 가운데서 오직 '석가모니 부
처님만이 지혜와 복덕을 완벽하게 갖추었으니, 제가 그 부처님께
돌아가 의지하겠습니다.'라는 것입니다. 이렇게 서원과 약속을 한

사람은 직접 깨달음을 얻기 위한 수행(修行)을 해야 하는데, 가장 기본적인 것이 아침과 저녁에 부처님 전에 예불(禮佛)을 하는 것입니다. 이 예불문(禮佛文) 가운데 '지심귀명례 대지문수사리보살 대행보현보살 대비관세음보살 대원본존지장보살마하살'이라는 구절이 있습니다.

주지하시는 바와 같이 불교에는 수많은 보살마하살이 계십니다. 그런데 예불문 속에는 '대지문수보살·대행보현보살·대비관세음보살·대원지장보살'이라고 네 분의 보살마하살만을 언급하고 있습니다. 무엇 때문일까요? 위에서 '부처님만이 지혜와 복덕을 완벽하게 갖추었다'라고 말했는데, 사실 부처님이 갖추신 덕성(德性)은 헤아릴 수 없을 정도로 다양합니다. 그래서 대승불교(大乘佛敎)에서는 그 많은 덕성 가운데 가장 중요한 것이 지혜와 큰 행(行)과 대비(大悲)와 큰 원력(願力)이기 때문에 이 네 가지 덕성을 인격화(人格化)시켜서 네 분의 보살로 상징화하고 있습니다. 그리고 학자들이 부처님의 네 가지 덕성 중에 어떤 것이 새의 양 날개와 같이, 수레의 두 바퀴와 같이 가장 중요한 역할을 하는 것인가를 연구해서 얻은 결론이 바로 지혜와 자비(慈悲)입니다.

다시 말하면 부처님의 가르침인 불교라고 하는 큰 건축물에는 이것을 떠받치고 있는 두 개의 큰 기둥이 있는데, 하나를 반야(般若) 또는 대지(大智)라고 말하고, 다른 하나를 대비(大悲)라고 말합니다. 그리고 우리들은 이미 「제1장」의 '고따마 붓다의 중도 대선

진리란 무엇인가?

언'의 부분을 통해서 중도인 공(空)의 증득이 바로 건축물의 한쪽 기둥에 해당하는 지혜(智慧)라는 것을 살펴보았습니다. 때문에 지금부터 고찰해야 할 것은 남은 한쪽 기둥인 대비(大悲)인 자비라는 말입니다. 그런데 인간에게 일체 중생을 구제하겠다는 대비심 즉 자비심은 왜 일어나는 것일까요? 다른 어떤 종교에서는 창조주인 신(神)이 '네 이웃을 사랑하라'라고 말했기 때문에 다른 사람을 사랑해야 한다는 말을 들은 적이 있습니다만, 불교의 입장도 그런 것일까요? 그렇지는 않습니다. 이것은 부모가 자식에게 자연스런 대비심이 왜 일어나는가를 보면 알 수 있는 문제입니다. 그것은 부모가 자식이 자신과 같은 몸임[同一生命]을 본성적으로 체득하고 있기 때문입니다.

대지(大智)가 곧 대비(大悲)이다

다들 아시는 것처럼, 『반야심경』은 "관자재보살이 깊은 반야바라밀다를 행할 때에 다섯 가지 모임[五蘊]이 모두가 공하였음을 분명히 보고 일체의 고액을 건넜다."라는 말로 시작하고 있습니다. 『반야경』의 하나이기 때문에 경을 설하는 이가 지혜를 상징하는 문수보살이어야 함에도 불구하고 일반적인 관행을 깨고, 자비를 상징하는 관세음보살이 설하고 있습니다. 여기에서 우리들은 지혜와 자비의 상관관계를 유추해 볼 수 있습니다. 즉 일체 중생이 동일생명이라는 대지(大智)를 깨달음으로써 대비(大悲)는 자연스럽게 표출된다는 말입니다. 다시 말하면 깨달음은 대지와 대비라는 두 면이 합해져 하나를 이루고 있다는 걸 체득한 것인데, 이때 대지라는 본체의 씀[用]이 바로 대비로 표현되는 것이라는 뜻입니다. 그래서 소납은 본체의 용(用)인 대비를 '진리(眞理)의 실현'이라는 말로 바꾸어 보았습니다.

대비는 대지로부터 나오고 대지(大智)는 대비를 일으키는 원동력이 됩니다. 원래 하나의 물건입니다만, 분별지의 입장에서 말할 때 두 개의 물건으로 있는 것처럼 나누는 것입니다. 지즉비(智卽悲), 비즉지(悲卽智)의 본체는 단순한 기하학적인 점(点)에서도 아니고, 또 수학상의 하나로서도 아닙니다. 이것을 인격성이라고 해도 좋다고 생각합니다. 대지대비(大智大悲)는 살아 있는 물건입니다. 특히 대비라고 말할 때에는 살아 있는 인격을 고려하지 않으면 안 됩니다. 그러나 이것은 분별지상에서 말하는 인격이 아님은 말할 것도 없습니다. 왜냐하면 대지대비는 본성적 자각 위에 보여지는 것이기 때문입니다.

즉비의 논리로 살아 있는 물건, 이것을 절대의 '한 물건'이라고 부르겠습니다. 이 한 물건 위에 문분별의 분별, 분별의 무분별이 있는 것입니다. 이것을 불가사의체(體) 또는 불가사의신(身)이라고 합니다. 이 몸이 불가사의하기 때문에 지성적 분별의 세계에 갖

진리란 무엇인가?

가지 형태로 스스로를 현현(顯現)하는 것입니다. 이 불가사의신이 불교라는 전당의 깊숙한 곳에 붙박여 있습니다. 한 면은 지(智)이고 다른 한 면은 비(悲)입니다. 그리고 이 지와 비가 한 개의 환(丸)으로 되어 있기 때문에, 보는 사람의 눈에 혹은 지만 찍히는 수도 있고, 또 비만 찍히는 수도 있습니다. 그러나 그 때문에 불가사의신은 쌍신(雙身)이라고 생각해서는 안 됩니다. 지와 비가 기계적으로 융합한 것이라면 그러한 일도 있을 수 있겠지만, 이것은 원래 융합체가 아닙니다. 보는 사람의 분별지에 의해 그렇게 보이는 것입니다. 이 의미를 충분히 이해함으로써 비로소 불교를 알게 됩니다.

본성적 직각은
동태적(動態的)이다

법계(法界)의 동력은 대비심

앞의 「제2장」에서 설명한 것처럼, 깨달음[直覺]에는 두 종류가 있습니다. 하나는 감성적(感性的)·지성적(知性的) 직각, 또 하나는 본성적 직각입니다. 감성적·지성적 직각은 일반 인간의 소견을 인식하는 대상으로 하고 있지만, 본성적 직각에 도달하지 않는 한 이 환경에 새로운 의미를 읽을 수가 없습니다. 본성적 직각의 특이성은 공간적 직각과의 융합입니다. 그것 때문에 최고의 의의(意義)에 있어서 구체성을 가지고 있습니다. 이에 반해서, 감성적·지성적 직각은 개념적이고 정지되어 있는 상태[靜態的]이며, 공간적이기 때문에 생명의 움직임 그 자체를 포착할 수 없는 것입니

진리란 무엇인가?

다. 본성적 직각은 생명 그 자체 속에 뛰어들기 때문에 공간적·시간적입니다. 한 곳에 정체되지 않고 언제나 유동성을 잃지 않고 있되, 그러면서도 당처를 여의지 않고 항상 본래 모습 그대로 담담합니다.

본성은 언제나 지금 여기에서 출발하여 지금 여기에 돌아옵니다. 지금 여기라고 말하면 추상성을 가진 것처럼 생각하지만, 사실은 이것만큼 구체적인 것은 없습니다. 일본의 대등 선사가 "억겁에 서로 떨어져 있으면서 수유도 서로 여읜 적이 없고, 온 종일 서로 마주 대하면서도 찰나도 서로 마주 대한 적이 없다."라고 한 그대로입니다. "눈앞에서 마주 앉아 있되, 그렇지만 아직 일찍이 만난 일이 없다."입니다. "지금 여기에서 입정(立定)하고 있지만, 삼천리 밖에서 동시에 출정(出定)하고 있다."입니다. 이것은 분별지적(分別智的)으로 한정된 모든 전제로부터 도출된 논리적 결론은 아닙니다. 본성적 직각의 직서(直紋) 또는 평설(平說)에 다름이 아닙니다.

우리들이 살고 있는 세상을 움직이고 있는 힘은 대비심(大悲心)에 다름이 아닙니다. 이 대비심 때문에 인간의 개아(個我)는 그 한계를 타파해서 다른 많은 개아와 변용(變容)하거나 섞여 들어갈 수가 있는 것입니다. 대비심은 광명으로 빛나는 천체와 같습니다. 그것으로부터 나오는 광명은 모든 밖의 형체를 비추고 그것을 싸안습니다. 그리고 그것과 일체가 됩니다. 그것 때문에 그러한 것들이 아프면 자신도 또 아프게 됩니다. 이것은 일부러 의식해서 그렇게 하는 것이 아니고, 자연히 그런 것입니다. 법계의 동력은 대비심입니다.

깨달음이라는 것을 고요하고 적적한 공간적·정태적인 상태로 잘못 생각할 수 있습니다. 그러나 깨달음은 결코 정태적 상태가 아니라 동태적(動態的)입니다. 끊임없이 활동하고 무엇인가를 창조합니다. 『화엄경』의 일체유심조(一切唯心造)의 마음은 활동하는 마음입니다. 여기에 대비의 일심(一心)을 주입하면, 우주를 포함한 현상세계는 불가사의의 광경을 현출합니다. 본성적 직각의 관점에서 보면 관조(觀照)가 곧 창조(創造)입니다, 창조가 곧 관조입니다. 우주의 모든 것은 신의 마음에 비친다, 신의 마음이 곧 우주이다, 공간적으로 보아서 그런 것만이 아니라 시간적으로 보아서도 그런 것입니다. 이것이 법계입니다.

'대지가 대비이고, 대비가 대지라고 하는 것은 신(神)에게 있어서는 관지(觀智)가 곧 창조(創造)이고 창조가 곧 관지다'라고 하는 의미에 다름이 아닙니다. 바꾸어 말하면, 공간이 시간이고 시간이 공간이 됩니다. 그리고 이것이 이원적으로 합치한다고 하는 의미가 아니고, 하나도 아니고 다름도 아니다[非一非異]라고 하는 것입니다. 이것이 본성적 직각의 본질입니다. 이 직각에는 깨닫는 것[能覺]과 깨달아 지는 것[所覺]이 대상적으로 서로 대립하는 일은 없습니다. 즉능즉소(卽能卽所)로 무분별의 분별이 그 특이성입

진리란 무엇인가?

니다. 또 이것을 해인삼매(海印三昧)라고 부르기도 합니다. 맑디맑은 바다 위에 천계의 만상이 아름답게 비치고 있다는 뜻입니다. 하지만 이것도 정태적·관조적·공간적으로 보지 않고, 명상이 곧 창조의 뜻으로서 인식하지 않으면 안 됩니다. 관하는 일이 만드는 일, 만드는 일이 관하는 일이라고 하는 의미는 지성적 분별의 경지에 머무는 한 받아들여지지 않습니다. 그렇다고 해서 분별계를 말살하는 일이 아님은 말할 필요도 없습니다. 개별적인 일이 없는 원융(圓融)은 성립이 안 됩니다.

초월적·종교적 생활의 소식

개별적인 일이 감성적·지성적 세계를 구성하고 있기 때문에 이 세계에서는 통제라든가, 의무라든가, 책임이라든가, 하는 윤리적인 일이 유행하는 곳입니다. 하지만 이것이 한번 굴러서 본성적 법계가 되면 그러한 일은 없습니다. 당위라는 것이 없이 무애자재입니다. 주리면 먹고 목마르면 물 마시는 자연적·물리적·동물적 행동이 있을 뿐입니다. 나라는 자취를 남기지 않아야 됩니다. 이것이 초월적·종교적 생활의 소식입니다. 이것은 윤리의 세계로부터 나오는 일은 아닙니다. 윤리의 세계는 도리어 종교세계를 기초로 해서 그 위에 구축되는 것입니다. 분별계는 본성계에 돌입하는 일에 의해서 비로소 그 의의가 인식되는 것입니다.

대비심의 말로 다시 돌아가면 법계를 움직이고 있는 물건은 이 것밖에 없기 때문에, 불교인은 보통 이것에 인격적(人格的) 의미를 부여해서 구체화합니다. 정토교에서 말하는 아미타여래라고 하는 부처님은 이와 같은 인격화의 하나입니다. 인격화라고 말하면 환영(幻影)같이 생각되겠지만, 어떤 의미에서 말하면 돌도 나무도 산도 물도 내지 찬란한 모든 태양 계통도 또한 환영에 지나지 않는 것입니다. 본성적 소견의 법계 쪽이 감성적·지성적·자연적 대상의 세계보다도 참다운 실재성을 가지고 있는 것입니다. 아미타란 무량광(無量光)·무량수(無量壽)라는 뜻입니다. 소위 사실에 무언가의 본성적 직각적 가치가 부여되지 않으면 안 됩니다. 역사는 이것에서 살아나는 것입니다. 몇 천 몇 백 년, 무량겁도 지성적으로 말하면, 상당히 서로 다른 것처럼 생각되지만, 본성적으로 보면 마찬가지로 본성적 가치의 법계 소속입니다. 아미타여래는 서방정토(西方淨土)를 믿는 사람들에게는 지극히 현실적이고 구체성이 가득 찬 존재입니다.

진리란 무엇인가?

인간은 도덕만으로
살 수 없다

대사일번(大死一番)

이 세상 모든 사람들의 생활의 기저(基底)가 감성적·지성적 분별의 세계라고 하면, '이 분별의 세계 이외의 어떤 세계로 나올 필요가 있는가' 하는 생각이 들 수도 있습니다. 사람들은 모두 사회적 집단생활을 하고 있고, 여기에서는 도덕률로써 움직이기만 하면 별다른 문제가 발생하지 않기 때문입니다. 종교라든가 본성적 세계라든가 하는 등의 꿈과 같고, 포착하기 어려운, 부정적 문자가 아니면 말로 표현이 안 되는 경지는 '우리들 보통사람들의 실제생활에 있어서 무슨 가치가 있는 것일까?'라는 생각도 생기기 때문입니다. 사실 이러한 의문은 많은 사람들이 많이 품는 것입니다.

그렇지만 앞에서도 이러한 점에 대해 언급한 적이 있었지만, 다시 한 번 말씀드리자면 인간은 도덕만 가지고는 살아갈 수 없는 존재입니다. 만약 도덕만으로 만족할 수 있다면 고따마 붓다가 출가수행을 할 이유도 없었을 것이고, 후세의 대승불교의 학자들이 이법계(理法界)니 사법계(事法界)니 하는 문제를 가지고 수백 년을 논쟁하지도 않았을 겁니다. 도덕적 당위의 요청은 어떤 의미에서는 인간 본성의 자유를 속박하는 것입니다. 정치적 압박 또는 지성적 논리도 그러합니다. 인간에게는 아무리 눌러도 결코 눌러지지 않는 그 무엇이 있기 때문에 어떤 종류의 구속이든 그것을 향해서 반항을 합니다. 그리고 어떤 사람들은 이 반항심은 재갈을 채울 수 없는 상태라고 말하기도 하지만, 이것도 또한 자유를 희구하는 심정의 잘못된 표현이라고 생각합니다.

　　반면에 또 다른 경우도 있을 수 있다고 여겨집니다. 적극적으로 또는 파괴적으로 닥쳐오는 모든 구속인 도덕적·지성적·정치적 구속으로부터 이탈하려고 하는 것 대신에, 오히려 소극적으로 내면적으로 의식의 가장 밑바닥으로부터 나오는 뭐라고 말할 수 없는 고뇌를 느끼고만 있는 입장입니다. 이 고뇌가 이루 뭐라고 말할 수 없는 물건이라고 하는 것은 명확한 형태를 가지고 의식되지 않기 때문입니다. 자유를 바란다든가 하는 것처럼 한정되어 있지 않은 무의식입니다. 어떤 사람에게는 '고요하고 작은 소리'로 마음의 귀에 속삭이는 것이라고 들리지만, 또 다른 어떤 사람들

　　　　　　　　　　　　　　　　　　　진리란 무엇인가?

에게는 자유와 우주 그 자체를 함께 통틀어서 부정하려고 하는 격렬한 그 무엇인 것입니다. 이것은 일종의 '유혹'이기도 하고, 또 일종의 '강박'이기도 한 것입니다. 상대적인 세계를 부수는 것은 절대의 경지로 인도해 가려고 하는 것입니다. 또 이것을 듣지 않으면 그 몸의 존재 그 자체가 위태로워진다는 것은 천 길 낭떠러지에 몰려 있다는 뜻입니다.

아무튼 인간이라는 존재는 하나의 큰 도박장에 나와 있는 것 같습니다. 분별의 사바세계를 택하는가, 무분별의 정토(淨土)를 바라는가? 이것은 단순한 자기 나름의 호오(好惡)로써 정해지는 것이 아니고, 오로지 어쩔 수 없이 그렇게 되는 것입니다. 지성적 분별이나 도덕적 당위의 세계에서만 살고 있어서는 아무래도 종교적·본성적 무분별의 직각의 경지에 대한 낌새는 알 수 없습니다. 왜냐하면 도덕이나 지성에서 본성적인 것은 나오지 않을뿐더러 거기에는 언제나 대상적인 것이 있기 때문에 자유롭지 않기 때문입니다.

그렇지만 본성적 직각의 세계는 절대적 자유가 있는 장소입니다. 다만 여기서 간과해서는 안 될 것은 본성적 직각의 세계와 분별적 세계라는 양자의 거리는 비연속성(非連續性)이기 때문에 도덕으로부터 걸음을 옮겨서 본성에로 완전히 들어가는 점수(漸修)가 아니라는 사실입니다. 이 간격은 이른바 가파른 벼랑에서 손을 떼어서 한번 크게 죽는[大死一番] 일이 아니면 뛰어넘지 못합니다. 합성고무나 합성주는 만들 수 있어도 땅을 만들거나 벚꽃을 합성할 수는 없습니다. 원자폭탄은 만들 수 있어도 고따마 붓다나 창조신을 조제하여 만들 수는 없습니다. 이들 양자 간에는 절대로 뛰어넘을 수 없는 것이 있습니다.

도덕과 종교 사이에 있어서도 도덕으로부터 종교로의 진행은 있을 수 없습니다. 하지만 종교로부터 도덕으로 흘러오는 일은 가능합니다. 왜냐하면 도덕적 당위의 세계에는 자유가 없고 창조가 없기 때문입니다. 그렇기 때문에 도덕적 당위의 세계로부터는 아무 것도 생겨나지 않는다고 할 수 있습니다. 그러나 본성적 세계는 완전히 다릅니다. 날로 새롭고 또 날로 새로움이 되는 창조의 원천이 끊임없이 주야를 가리지 않고 흘러나오기 때문입니다. 또한 당위의 세계에는 어딘가 모르게 딱딱함이 있습니다. 그러나 본성적 직각의 법계에는 봄이 오니 풀이 스스로 푸르다고 하는, 느껴지는 것이 있습니다.

본성적 직각의 세계, 사람을 위하고
중생을 제도하는 장소

어떤 스님이 백장 선사에게 물었다. "어떤 것이 '대단한 일'입니까?"

백장 선사가 말했다. "홀로 대웅봉에 앉았느니라[獨坐大雄峰]."

그 스님이 질문한 '대단한 일'은 아주 특이한 그 무엇, 즉 '절대 진리'나 '부처의 일' 같은 것이 무엇이냐는 것입니다. 이 물음은 다분히 분별의 세계에서 일어나는 것에 관한 질문입니다. 그러나 백장 선사의 "홀로 대웅봉에 앉았느니라."라는 말은 본성적 직각의 세계에 서서 그 풍광을 빗대어 가볍게 대답한 것입니다. 이렇게 자연 그대로 살아가는 본성적 직각의 세계는 다른 한편으로는 인간의 문화적 생활을 부정하는 면도 있습니다. 가령 분별의 세계에서는 절대 진리 같은 '대단한 일'이 있어야 한다고 믿고 있습니다. 그렇지만 백장 선사는 본성적 직각의 세계에서 그 문화를 부정하고 있는 것입니다.

그렇지만 문화적 생활을 부정하는 것처럼 보이는 이런 표현들은 낱낱의 일을 현상[事]의 위에서만 보고, 다른 어떤 것을 포함한 이치의 세계[理]를 잊어버리고 있는 말에 불과합니다. 본성적 직각의 세계는 사람을 위하고 중생을 제도하는[爲人度生] 장소로서 대비의 활동을 보지 않으면 안 되는 곳입니다. 불교에서는 자리이타(自利利他)라든가 자각각타(自覺覺他)라든가 중생무변서원도(衆生無邊誓願度)라고도 하는데, 이것이 바로 보살도입니다. 이것은 독선주의의 나한도(羅漢道)에서 일보 나아간 것으로서, 인간의 사회생활에 기초한 행위입니다. 제불보살의 서원은 어느 것이나 다 이것에서 나옵니다.

일체 중생으로 하여금 모두 깨달음[菩提]을 이루게끔 하겠다는 것은 일종의 유토피아적 사상입니다. 그러나 이 사상은 유토피아적이기 때문에 언제까지라도 인간에 대해서 무한의 매혹을 가지고 있는 것입니다. 말하자면 대비의 발양(發揚)입니다. 본성적 직각의 사람들은 영원히 다하지 않는 대정진력이 있습니다. 한정되지 않는 목적을 향해서 정진하는 것은 무익한 행위라고 말하는 것은 도덕적 당위의 세계나 지성적 분별의 세계에 사는 사람들의 사고방식입니다. 분별적·대상적 논리의 세계에서는 무한의 대비, 무목적의 대비로부터 나오는 대정진력은 결코 요해되지 않습니다.

진리의 세계인 법계(法界)는 '지금 그리고 여기'의 공간적·시간적 절대점을 중심으로 해서 대비의 장면에서 움직이는 것입니다. 이 면은 본성적 직각에 의해서 비로소 분별의식 상(上)에 나타나는 것입니다. 분별적·대상적 논리의 세계에서는 눈은 눈이고, 귀는 귀입니다만, 이것이 한 번 진리의 세계의 무애관(無碍觀)을 통과해 오면 눈은 귀고 귀는 코며, 산은 물이라고 하는 것이 됩니다. 이것이 불가사의해탈(不可思議解脫)입니다. 지성적 분별의 위에서는 사의(思議)를 끊기 때문입니다. 본성적 직각은 지성의 세계를 완전히 부정하는 것이 결코 아닙니다.

아미타의 원력과 정토의 장엄(莊嚴)

이처럼 보살의 행동은 무목적적이라고 해도 좋습니다. 이 점에서는 보살은 자연계의 다른 존재와 마찬가지로 동물적 생활 또는 식물적 모습이라고도 말할 수 있습니다. 어떤 면에서 보면 정말 그대로입니다. 방금 마당에 날아온 한 마리 작은 새는 인간적 분별식의 눈으로 보면, 무언가 먹이를 찾으러 온 것이겠지요. 혹은 다른 생물을 잡아먹기 위해서 왔다고도 하겠지요. 무목적적은 결코 아니라고 볼 겁니다.

그렇지만 새의 행동에서 공리적 약육강식이 아닌 뭔지 모르지만 어떤 것이 있는 것처럼 느껴집니다. 자연적 생활 가운데에 초자연적인 신성이 엿보이는 것입니다. 어떤 종교에서는 이것을 신의 영광을 찬탄하고 있는 것이라고 말합니다. 불교인은 이것을 정토의 장엄이라고 말합니다. 개인적 사사로운 생활에는 어두운 그림자가 끊임없이 감돌고 있을 수도 있지만, 진리의 세계에서는 본성적 묘한 맛이 넘쳐흐르는 것이 느껴지는 것입니다. 야보 선사는 이것을 "대 그림자 계단을 쓰는데 티끌은 움직이지 않고[竹影掃階塵不動], 달빛이 못 속을 뚫는데 물에는 흔적이 없네[月窄潭底水無痕]."라고 합니다. 또 "애를 써도 보람이 없다[勞而無功]."라고도 합니다.

정토교에서 말하는 아미타부처님의 경우도 마찬가지입니다.

아미타불은 이미 무량겁의 옛날에 정각(正覺)을 이루었습니다. 그리고 이 정각의 조건으로서 일체 중생의 성불(成佛)을 요구하고 있습니다. 만약 아미타불 쪽에서 이미 성정각(成正覺)의 사실이 있다면, 모든 인간도 이미 성정각 하고 있는 것이라고 생각하지 않으면 안 됩니다. 과연 그렇다고 하면 어떠한 사람도 그것 때문에 열심히 구도다, 무엇이다 해서 떠들 것은 없지 않느냐고 생각할 수도 있습니다. 그러나 이것도 인간의 지성적 분별을 근본으로 한 판단이고, 아직은 법계의 풍광에는 접하지 못했기 때문입니다.

아미타불이 무량겁의 옛날에 정각을 이루었다는 것은 인간의 역사적 사실로서 전해지는 것이 아니고, 인간 각자가 본성적 직각에 이를 때 감득(感得) 또는 오득(悟得)되는 사실인 것입니다. 스스로 이 감득의 사실이 없는 속에서는 아미타불의 성정각 운운(云云)은 아무런 의미를 가질 수 없습니다. 여하튼 아미타불의 편에서는 48원(四十八願), 중생의 편에서는 부단(不斷)한 염불과 참회, 이것으로 다 된 것입니다. 모두가 본성적 자각의 법계를 성립시키고 있는 대비심의 발로에 지나지 않습니다. 아미타불의 편은 어찌 되었든 우리들 중생 편에서는 마음 밑바닥의 밑바닥에 왠지 모르는 뿌리 뽑히지 않는 불안한 기분이 있습니다. 지성적 분별과 도덕적 당위만의 존재로서는 만족할 수 없는 것이 있습니다.

무엇인지 알 수 없지만, 그것만의 물건이 아니고 인간을 초월

진리란 무엇인가?

한, 그리고 인간에게 가장 관계가 깊은 어떤 물건이 없어서는 안된다고 하는 느낌과 그것을 대하는 동경이 우리들 편에 있는 것입니다. 아미타불의 객관적·역사적 본질 등이라고 하는 것은 제2의 문제라고 하더라도, 이 동경, 이 느낌, 이 고민은 끊임없이 해결을 강요하고 있습니다.

아미타불이 진실한 의미에서 우리 몸에 관계해서 오는 것은 이 해결과 동시인 것입니다. 지금까지의 아미타불은 다른 사람으로부터 말로 전해진 것에 지나지 않는 것이었다면, 아미타불의 성정각이 이때 비로소 자신의 성정각과 직접적으로 관계해서 오는 것입니다. 본성적 정각의 법계가 공간적·정태적·개념적으로 받아들여져 오던 것이 이때 비로소 대비적(大悲的)으로 요해가 되는 것입니다. 이것이 바로 화엄학(華嚴學)에서 말하는 부처와 자신이 똑같은 생명의 존재임이 같은 시간에 불현듯 일어난다[同時頓起]는 것입니다. 지성적 분별의 세계에서 연속적으로 인과적으로만 이해되어 온 세계 속에서 돌연(突然)히 비연속성의 물건이 나타나게 된 것입니다.

이 점에서 신을 믿는 종교와 불교의 서로 다른 점을 발견할 수가 있습니다. 신과 인간의 합치[梵我一如]를 설하는 경우에서도 유일신(唯一神)은 아무래도 이원론적 흔적을 남깁니다. 창조신과 사람이 하나라는 견해는 그 그림자도 인정할 수 없는 것입니다. 이 때문에 불교를 범신론(汎神論)처럼 말하는 사람도 있습니다만, 보통 말하는 범신론 역시 이원론의 그림자가 깃들어 있습니다. 범신론의 신은 여전히 만상(萬象) 밖에 서 있습니다. 안에 들어온다고 하면 그것은 밖을 생각하고 나서의 일입니다. 안은 밖을 상대해서 있기 때문입니다. 그래서는 본성을 자각한 무분별의 세계에는 미칠 수가 없는 것입니다.

중생을 구하고자 하는 것이 당면의 문제

지금까지 고찰한 내용으로 보면 아미타불의 서원, 중생들의 염불과 참회, 사람을 위하고 중생을 제도한다[爲人度生]는 방편 등은 어느 것이나 무목적적(無目的的)인 것으로 여겨집니다. 그러다 보니 여기에서 하나의 문제가 불거져 나옵니다. 인간으로서 무목적적 생활에 무슨 재미가 있는가, 즉 도덕적 가치로 한정되지 않으면 안 되는 것이 인간의 생활인데, 이것을 초월한다든가 뭔가 말한다면 그것은 자살이 아닌가? 이러한 일을 잘 묻게 됩니다. 또 이것에서 본성적 직각의 법계를 무가치한 것, 무의미한 것, 있어도 없어도 괜찮은 것이라고 비평해 버립니다. 인간은 원래 분별성으로 되어 있는 것이기 때문에, 가령 그 밑바닥에 무분별이 있어도, 이미 그것이 무분별이라면, 내버려두어도 괜찮지 않겠는가 하고 생각하게 됩니다.

진리란 무엇인가?

그러나 인간에게는 이 있어도 그만, 없어도 그만이라는 무분별의 밑바닥에 안정이 안 되면 불안이 끊일 사이가 없게 됩니다. 지금 마당에 내려앉아 있는 새를 보더라도, '저것이 무엇을 먹으러 왔는가?'라든가, '무슨 도움이 되는 것인가?'라는 등, 그 외에 수천수백 가지의 문제가 나올 수 있습니다. 물론 이러한 의심들은 지성적 계발의 기회를 주기도 합니다만, 사람들 사이에서 생기는 갈등은 삶을 힘들게 합니다.

그래서 자신의 주변에서 벌어지는 이런 모든 것들에 대하여 인연이 도래하여 일어났다[緣起]는 것으로 그대로 받아들여서, '비가 내리면 비가 와서 좋고, 햇살이 비치면 해가 나서 좋다'라는 것으로 해둘 수는 없는가?라는 마음이 생길 수가 있는 것입니다. 즉 사람의 마음 깊은 곳에는 이러한 여러 가지 일을 생각하게 하는 것이 또 따로 있는 것도 확실합니다. 그래서 이자택일(二者擇一)이라는 등 어렵게 말하지 말고, 하나가 곧 많은 것[一即多], 많은 것이 곧 하나[多即一]로서 서로 주고받아 걸림이 없는 법계에 그냥 살아갈 수가 있는 것입니다. 왜냐하면 인간에게는 이렇게 있고 싶다고 하는 일면이 있고 내면적으로 그 요청이 있다고 하는 것에 눈이 열릴 수도 있기 때문입니다.

대지의 측면이 강조되면 대비의 측면이 경시되는 것처럼 되고, 이것을 거꾸로 보면 또 반대의 측면이 보이는 것입니다. 이처럼 인간이 하는 짓은 언제나 번잡하고 성가십니다. 하지만 그것은 충분히 알고 있어야만 할 일입니다. 지금의 경우에도 동시동기의 법계에만 시선이 머물러 있으면 인간생활이 실제로 얼마나 마찰이 많은 것인가를, 잊으려 하지 않아도 잊어버리는 수가 있습니다. 여기에서는 대비심이 크게 활약하지 않으면 안 됩니다. 불교에서 대비심(大悲心)의 대명사로 통하는 관세음보살도 위에서 살펴본 아미타불도 활발하게 작용하지 않으면 안 됩니다. 이 면에서는 무목적은 결코 아닌 것입니다.

중생을 괴로움으로부터 구하는 것이 우리가 당면한 가장 큰 문제입니다. 여기에서 보살도가 나옵니다. 지장보살은 육도(六道)를 윤회하며 중생제도를 합니다. 다만 보살의 대비와 인간의 동정심이 다른 점은 인간의 동정심에는 한정이 있다는 것입니다. 특히 개인으로서는 아무리 길어도 80년 90년을 넘지 못하기 때문에 집단적 행동으로 나가는 수밖에 없다는 점입니다. 그러나 결국은 개인을 제외하고서는 집단도 추진력을 잃게 되는 처지이기 때문에, 보살의 대비심은 스스로를 윤회의 와중에 던지는 것을 마다하지 않는다는 것입니다. 그러나 여기에서 또 기억해야 할 한 가지는 보살의 대비심이라는 것은 절대고 무한이며 무목적적이지만, 그것은 단지 추상적으로 개념적으로 일반적으로만 말해지는 것이 아니라 한 가지 일, 한 가지 사건 위에 시간적으로 공간적으로 가장 구체적으로 움직인다고 하는 데 있습니다. 이것은 과학이나 합리주의나 자연주의나 인간주의로 결말이 나는 문제가 아니고,

진리란 무엇인가?

'초자연주의'까지 돌진해 가지 않으면 해결이 나지 않습니다.

『법화경』에는 "여래는 무량겁의 과거에 정각을 이루었지만, 지금 역시 이 사바세계에 왕래하고 있다."라고 설하고 있습니다. 또 "삼계는 화택(火宅)과 같지만, 이것이 대비의 대상이고 중생은 나의 자녀와 같다."라고 설하고 있습니다.

『능가경』에서는 "대지는 유무를 뛰어넘고 있지만, 그렇지만 거기에서 대비가 나오고 대지와 대비는 두 양손이 서로 맞잡고 가는 것"이라고 설하고 있습니다.

『유마경』에서는 "중생이 병들었기 때문에 나도 병든다."라고 설하고 있습니다. 이러한 사상은 어디에서 나오는가 하고 생각해 보지 않으면 안 됩니다. 중생으로 하여금 깨닫도록 방편(方便)을 쓴다는 것은 대비의 무한정의 한정면(限定面)에서 발생하는 것입니다. 생각하고 계산하고 따짐[思慮計度]이 없는 대비심에서 사려계탁의 방편이 나오는 것입니다. 본성적 직각의 법계는 이렇게 해서 방편의 사바세계(娑婆世界)에 연관해서 옵니다.

대비심이 적면(覿面)에서 체득(體得)되지 않는 한 법계의 풍광은 없다

「제1장」에서 『대지도론』을 인용하여 '방편에는 두 가지가 있는

데, 첫째는 모든 법[諸法]이 공한 것을 아는 것이고, 둘째는 대비심에 연유해서 중생을 버리지 않는 것'임을 밝힌 바가 있습니다. 이제 두 번째 방편인 대비심에 관한 고찰을 마치면서 보살에게 자비심이 생기는 이유를 잠시 살펴보겠습니다. 본성의 자각이라는 보살의 지적 통찰은 단순한 통찰도 아니고 단순한 지적 작용도 아닙니다. 싸늘한 무관심의 태도로 적정의 입장에서 무상과 고뇌의 세계를 바라보고 건너는 것도 아닙니다. 단지 중생의 세계가 붙잡을 수 없는 것[無所有]이라는 것을 알지만, 보살은 그것에 집착하지 않습니다. 오히려 그는 이 중생계가 바로 눈앞에 있는 것을 인정하고 있는 것입니다.

보살은 일체 중생이 무명(無明)에 의해, 또 현상계에 대한 애착에 의해서 생사의 바다 중에서 침몰하는 모습을 봅니다. 그래서 그들에게 무한의 동정심을 일으키고 온갖 수단을 고안하여 중생을 구출하며, 그 마음을 성숙시켜서 구극(究極)인 진리를 받아들이게 하는 것입니다. 아니 오히려 모든 중생을 버리지 않는다는 것이 방편의 목표이므로, 그 때문에 사물에 집착하지 않고 열반에 들어가 버리지 않는다는 두 가지 결의가 생긴다고 할 수 있을지도 모르겠습니다. 이러한 보살의 결의를 가장 잘 나타낸 말씀으로 대승불전 특히 『반야경』을 통털어 가장 아름다운 문장으로 묘사된 『대품반야경』「부증품 제60」에 이런 법문이 있습니다.

"수보리야, 가령 건장하고 용맹스런 한 장부가 있었다고 하자. 그는 온갖 병법(兵法)을 다 갖추었고, 모든 기술을 연마했기 때문에 많은 사람들에게 공경과 존중과 찬탄을 받았다. 이 사람 또한 공경하고 존중할 이를 보면 환희심으로 그들을 공경하고 존중했다. 이 장부가 어떤 인연으로 노약한 가족을 데리고 다른 지방으로 가게 되었다. 갖가지 위험과 공포가 있는 곳을 지나가면서 부모를 위안하고 처자를 돌보면서, '두려워하지 마라, 내가 무사히 이곳을 지나 반드시 고통이 없는 곳에 도달할 것이니'라고 말했다.

험난한 도중에 도적들이 잠복하여 위험을 더했지만 그는 지력을 갖추었기에, 기쁘고 편안한 마음으로 그 악도(惡道)를 지났으며 목적지에 다다를 때까지 도적들의 해를 만나지 않았다.

수보리야, 보살마하살도 이와 같이 일체 중생을 대함에 즐거움을 주는 마음[慈]·가엾이 여기는 마음[悲]·함께 기뻐하는 마음[喜]·온갖 집착을 버리는 마음[捨]을 원만히 갖추어야 한다. 이렇게 보살마하살은 네 가지 한량없는 이타(利他)의 마음[四無量心]에 머물러야 한다."

어느 대승경전을 보아도 이처럼 아름다운 표현과 훌륭한 내용을 가진 부분을 발견하기는 쉽지 않습니다. 장부에 비유되는 보살은 사무량심이라는 무기와 기술로 부모와 자식, 가족에 비유되는 중생을 목적지인 열반에 이르게 합니다. 그 중간에는 온갖 고난과 역경과 시련이 기다리고 있지만, 장부는 자진하여 그것과 마주하고 그 모두를 이기고 열반이라는 목적지에 도착합니다. 장부의 이러한 행동이 어디에서 나오는 것일까요?

그대와 우리들 모두가 정법(正法)에서 알아 두어야 할 것이 있습니다. 첫째 지금 만인의 본성이 불성이며 불성은 형상이 없다는 것이고, 둘째 일체의 지혜·일체의 공덕(功德)이 밖에서 오는 것이 아니고, 일체가 자신의 본성이 지니고 있는 생명에 이미 있는 물건이며, 일체가 형상이 없는 본무상(本無相) 가운데서 나타나는 빛이며, 셋째 오직 본성·불성이라는 진리만 있고 그밖에는 없는 것이기 때문에 근본적으로 모든 사람들이 뿌리에 들어가면 그 진리본성뿐이요, 대립된 자가 없다는 것입니다. 그러니까 모두는 공동체이고 동일자이며 동일 법성이라는 것입니다.

『조주록』「하(下)권」에는 아래와 같은 문답이 있습니다. 최랑중(崔郎中)이라고 하는 고관이 조주 선사에게 찾아와서 묻기를,

"당신과 같은 대선지식도 지옥에 떨어지는 일이 있을까요?"
"그야 있지. 나는 제일 먼저 가지."라고 조주 스님은 답했다.
"어째서 그런 일이 있을 수 있습니까?"
"만약 내가 가지 않는다면 당신을 만날 수가 없지 않는가!"

조주 선사의 대비심에는 독특한 풍조가 있다고 해도 좋습니다. 아무튼 대비심이 적면(覿面)에서 나타나 자기 것[認得]이 되지 않는 한, 법계의 풍광(風光)은 펼쳐지지 않습니다. 정토의 장엄은 대비심의 발로(發露)에 다름 아닙니다. 이후의 세계를 구하는 것도 이 대비심입니다. 그리고 대비(大悲)는 대지(大智)가 없으면 안 됩니다. 대지에 의해서 대비가 나옵니다. 그렇기 때문에 대비와 대지는 환(丸)으로 되어 있는 것입니다.

진리란 무엇인가?

초판 1쇄 인쇄 | 2019년 5월 1일
초판 1쇄 발행 | 2019년 5월 5일

지은이 | 혜담

펴낸이 | 윤재승
펴낸곳 | 민족사

주간 | 사기순
기획편집팀 | 사기순, 최윤영
영업관리팀 | 김세정

출판등록 | 1980년 5월 9일 제1-149호
주소 | 서울 종로구 삼봉로 81 두산위브파빌리온 1131호
전화 | 02)732-2403, 2404 **팩스** | 02)739-7565
홈페이지 | www.minjoksa.org
페이스북 | www.facebook.com/minjoksa
이메일 | minjoksabook@naver.com

ⓒ 혜담 2019
ISBN 979-11-89269-31-9 (03220)